安静地独自品读一本书
是一场没有外援的孤军奋战。

艾登

When we read silently to ourselves
we are on our own with no one to help us.

读

之 蜜 语

关于青春文学、翻译文学和阅读的价值

［英］艾登·钱伯斯 ◎ 著

任 燕 ◎ 译

现代教育出版社

Modern Education Press

关于本书收录的文章

《安妮·弗兰克的钢笔》

本篇文章此前未曾发表，但有部分素材出自我近些年的演讲和讲座。其中时间较早的一次题为"关于价值的问题"（A Question of Value）的演讲，是 1996 年 9 月 15 日我在学校图书馆协会（School Library Association）大会上的一次讲话；时间较新的则是 2001 年 3 月我在瑞典举办巡回讲座期间的一次讲话。

《看他处境如此危险，我不禁打了个冷战》

这是我在 1986 年"五月山阿巴思诺特荣誉讲座"（May Hill Arbuthnot Honor Lecture）上的讲话。活动赞助方是斯科特与福尔斯曼出版社（Scott, Foresman Company）和玛格丽特·K 麦克尔德里图书公司（Margaret K McElderry Books），合作方是美国儿童图书馆服务协会（Association for Library Service to Children）。演讲于 1986 年 4 月 15 日发表，并经美国图书馆协会（American Library Association）许可转载于 1986 年 9 月的《信号》（*Signal*）杂志。

《故事里的学校：塔尔博特·贝恩斯·里德》

这是"海伦·斯塔布斯纪念讲座"（Helen Stubbs Memorial Lecture）的第六讲，刊载于"早期儿童读物奥斯本系列集锦"（Osborne Collection of Early Children's Books），多伦多公共图书馆（Toronto Public Library），1993 年 11 月 18 日。1994 年，多伦多公共图书馆又单独发表了这篇文章，收录于"奥斯本系列读物好友"（Friends of the Osborne Collection）。

《拿下那本"企鹅"准没错》

发表于 1993 年 1 月的《信号》杂志，客座编辑是玛格丽特·克拉克（Margaret Clark）。

《为外国文学翻译作品正名》

首次发表于《文字的世界：青春与文学》（*The Written World: Youth and Literature*），编辑是阿格尼丝·纽温休伊曾（Agnes Nieuwenhuizen）和来自澳大利亚的 D.W. 索普（D. W. Thorpe），1994 年。

《"齐柏林"的秘密》

发表于为祝贺托摩脱·蒿根（Tormod Haugen）50 岁生日而举办的研讨会期间，举办时间是 1995 年 3 月 3 日至 4 月 1 日，举办地点在挪威海德马克高等学院（Høgskolen i Hedmark）。演讲稿被收录于挪威奥斯陆居伦达尔出版社（Gyldendal Norsk）发行的托摩脱·蒿根纪念专刊，编辑是奥拉·罗斯洛克（Ola Losløkk）、本贾尼·厄于加伦（Bjarne Øygarden）。

《书籍的未来》

这篇文章此前未曾发表，其中部分原始素材取自我在 1992 年"西德尼·罗宾斯纪念讲座"（Sidney Robbins Memorial Lecture）上的讲话，题为"文学的不同之处：以未来年轻读者为对象进行当下创作"（The Difference of Literature: Writing Now for the Future of Young Readers），刊载于《儿童文学与教育》（*Children's Literature in Education*）杂志，1993 年第 88 期。

目录

阅读的戏剧

The Theatre of Reading

本篇为钱伯斯先生为此次《读之蜜语》在中国出版特别遴选修订的文章，此前未曾公开发表。作为"编辑"的钱伯斯认为，这篇文章将为中文版《读之蜜语》增加一个关于阅读的非常实用的维度。

阅读，涉及一些最为复杂的人类大脑运转程序。脑科学家认为，阅读堪称所有脑部功能中最复杂的活动。这解释了为什么文学是最难理解、欣赏与解读的艺术形式，也难怪很多人发现自己无法成为忠实的阅读者。

安静地独自品读一本书是一场没有外援的孤军奋战。唯一的指引是我们所说的字母和标点，它们组合成各种单词、语句、段落和篇章。当然还有算术、音符、图表、地图、方程，以及各式各样的抽象符号。如果想要理解它们的含义，我们就必须在想象中的戏剧里赋予它们生命。在此过程中，我们必须集制片人、导演、演员、灯光音效师、音乐指导、剪辑师等角色于一身——不消说，当然还要自行承担文学批评者的工作。在同时扮演上述所有角色的过程中，我们还要当好观众，旁观所有故事、诗歌、戏剧是如何被演绎出来的；或是做好讲演者，以书面的形式交流思想与信息。

阅读涉及的流程不是一个而是多个，阅读调动的大脑功能不是一种而是多种。它不是指某一种技能，不像一门手艺或工厂作业那样，有人教就能学会。阅读是大脑各部位协同发挥作用的一种官能，想要从中获得最透彻的理解和最充分的享受，就必须让身体、情感与思想共同参与其中。

人类是怎么掌握了如此非凡的能力的？如何发现了阅读对生活的巨大影响？又是如何爱上阅读的？更为重要的是，在阅读者的教与学中，是否存在某些基本规律，能帮助青少年和儿童成为有思想、有鉴赏力且忠实的阅读者，并有助于他们从阅读中获得深刻而持久的快乐？我想答案是肯定的。我从中挑选了一些在我看来尤为重要的基本规律，可作为回答上述问题的依据。

我的介绍方式，是从"阅读的戏剧"中挑选出一些片段呈现给各位。它们都是集读者、学生和老师为一身的某人的生活片段。是的，就是我本人。我谈论的阅读主要是指读书。但我也很清楚，我们也读很多其他形式的书面语言：不仅有报纸、杂志和书面文件，还有日益多样化的电子传播形式——年轻人日常生活中再熟悉不过的内容。所以我接下来要介绍的经验适用于所有形式的阅读和写作。

　　我必须先来一段有关场景设定的开场白——这段概述关系到我接下来要说的一切。

　　首先，存在以下真理：会读书的人培养爱读书的人，不读书的人造就不会读书的人。没有哪个婴儿从出生起就抵制阅读，事实与此恰恰相反。我们生来就渴望交流，一开始是通过交谈，后来则是通过愈发复杂的书面符号。每个人都知道，小婴儿总是好奇地观察墙壁、画布、木片，当然还有纸上和书页上留下的各种符号。而且从很小的时候起，他们就喜欢制造各种符号。如果陪伴在婴儿身边的成年人认为图片和书籍具有明显的价值，并能带来快乐，那么孩子对符号含义和用法的理解能力就会得到顺利发展。但如果身边的成年人认为这些东西毫无价值，那么孩子在成长过程中往往也缺乏对书籍价值的充分认识，甚至会厌恶读书。

　　其次，想要成为阅读者，必须有书可读。阅读者素质的高低取决于阅读内容质量的优劣。如果儿童在成长过程中所能接触和选择的书籍品种有限、数量稀少，那么长大后缺乏读书的热情也是意料之中的事。

　　成年人重视阅读的价值并能做到身体力行、有足够多的书籍储备，是培养儿童成为阅读者的两个重要的先决条件。一旦缺少其中一个，孩子就可能失去尽早学习阅读的机会，进入青少年时期后就不得不面临补习的问题。目前，相当多的青少年因为上述原因错失良机，这也就不难解释为什么我们经常听到"年轻人的阅读量达不到要求""年轻人不能完全理解自己所读的东西"等抱怨，从这些抱怨中，我们能感受到年轻人不喜欢阅读。

这就是我想说的开场白，希望我们都能牢记于心。现在，这场"阅读的戏剧"正式开演。

📽 第一幕第一场：
"'令人又厌恶又害怕的'懒散虫的故事"

在我很小的时候，父母每到星期天的下午，就会带我去看望外祖父和外祖母。外祖父是一名矿工。我不记得他曾读过哪怕一本书，其实我甚至怀疑他完全不识字。他 11 岁就辍学了，从那时起直到退休每天就在又深又窄的地下矿道里弯着腰，用镐把煤块从岩石里挖出来。他每天工作 10 个小时，每周 6 天，每年 50 个星期。外祖父是一个安静、耐心、和善的人，少言寡语，一切都是我外祖母说了算。我真想知道他在那些年复一年如地狱般的辛勤劳作中，脑子里究竟在想些什么。

那是炎热的 8 月某日午后，我当时大概 3 岁。外祖父带我走出村子，穿过田野。麦田一片金黄色，正等待收割。玉米长得实在是太高了，抬头都看不见顶端。走了一段路之后，外祖父决定休息一下。他点上烟斗，把我抱起来，让我坐在篱笆门的顶上。从那个可以鸟瞰一切的位置，我的目光穿过田野望向另一边，望向外祖父工作的矿井升降机后面。不远处矗立着一座形状奇特的小山。它就像一个巨大的布丁，除了长着草，什么也没有。平缓的山顶上伫立着一个由好几排柱子搭建的白色石头建筑。多年以后我才知道，那是一座未完工的18世纪罗马神庙复制品。

外祖父抽了一会儿烟斗，突然问我是否能看到那座山。我说能看见。于是他说："那是'懒散虫'晚上睡觉的地方。它睡觉的时候会把身体绕着山缠上九圈。你现在还能看见那些痕迹咧！"确实可以看见——草地间有一条狭长的沙石小径，从山脚蜿蜒至山顶。突然间一种可怕的念头紧紧攫住了我：花园里有一只特别长的蠕虫，长到可以绕着大山转上九圈。"worme"是"worm"（蠕虫）的古代拼法，古时用来表示没有腿的龙，其中的"e"不发音，反正我也不知道它是什么意思。

外祖父接着又给我讲了一个关于龙的故事。这条龙曾是方圆数英里村子的巨大威胁，一直没人能杀死它。终于有一天，当地伟大的领主的儿子勇敢地站出来并找到了杀死它的方法。他打败了这条没腿的大蠕虫，但也因此给他的家族带来了延续九代的诅咒。

外祖父讲故事的时候语调平缓，就好像在说今天的天气，或者昨天矿井里发生的一件琐事，听起来丝毫感受不到惊心动魄的戏剧色彩。他的语气是如此令人信服，我听得全神贯注，眼睛瞪得溜圆，对每个字都深信不疑。我很长时间都没有想过这个故事会是虚构的。直到许多年后我才发现，它原来是一个民间故事，叫作"兰布顿巨蛇"（The Lambton Worme）。当然，就像那些最优秀的民间故事一样，它也有一些历史依据。

我的外祖父不识字，却很有讲故事的天赋。那个炎热午后的景象——我坐在篱笆门上，外祖父靠在门边，抽着陶制的烟斗，讲着那条可怕的无腿恶龙的故事——至今仍历历在目。为什么偏偏是这个故事让我念念不忘？我相信后来我还听过很多很多故事，却并不都像它那样令我印象深刻。我想我知道为什么，或许以后有机会我们可以再聊聊。

此时此刻我想说的是，我相信阅读是根植于听觉的。我们无法阅读我们没有听说过的东西。在我看来，这条实用的经验法则值得父母和老师牢记于心，尤其是针对那些不愿阅读的儿童和青少年——出于这样或那样的原因，他们很难成为真正的阅读者。

🎬 第一幕第二场：
"乌龟的故事"

我的父母算不上真正的阅读者。我家只有 5 本书，其中一本恰好是彩色插图版的伊索（Aesop）寓言。我是独生子。当我还不够大，没法去上学的时候，每到阴雨绵绵的冬日我就会感觉无聊。母亲为了安抚我，就会给我读《伊索寓言》（*Aesop's Fables*）里的故事。而我则会看书上的插图。我相信她一定给我读了所有故事，但我只记得其中一个，关于乌龟和兔子的故事。大家都知道，这个故事讲的是兔子和乌龟比赛跑步。兔子确信自己能赢，他非常自信，以至于比赛中途他决定休息一下，却不小心睡着了。而乌龟则迈着缓慢而坚定的步伐不断前进，超过了还在睡觉的兔子，向终点逐渐靠近。兔子这时才醒过来，明白发生了什么。尽管他拼尽全力去追赶，却还是没来得及，乌龟赢了。这个故事告诉我们，缓慢而坚定前行的人最终赢得了比赛。

为什么我总是记得这个故事，而不是《伊索寓言》里的其他精彩故事呢？或许这是因为，一直以来我就像是一只乌龟。无论任何事情，我取得成功的唯一办法就是坚定地前行，虽然总是比我想要的速度慢一些，但我最终一定会抵达目的地。

这和培养读者有什么关系？等我讲完接下来的这个故事，答案自会揭晓。

📽 第一幕第三场：
"亲爱的安斯莉小姐（Miss Ainsley）"

我是5岁开始上学的。安斯莉小姐是我的启蒙老师，而我则是她的问题学生。我的大多数同学在7岁之前就已经学会了读书认字。但我却遇到了麻烦，直到八九岁的时候才能流畅地阅读。班主任告诉我妈妈我"很慢"，其实她想说我头脑迟钝，不聪明，脑子不太灵光。也许她没听过"龟兔赛跑"的故事。

当那些跑得比我快的同学做其他功课时，安斯莉小姐会让我坐在她的膝盖上，我看着书，她则大声地把书的内容读给我听。我想，她一定希望我最终能认识这些字吧。这种识字教学法一度被称为"视读法"，它有很多优点。

但除此之外她还有别的办法。每天早上，安斯莉小姐都会给全班大声朗读一个故事。这些故事通常出自《圣经》，比如亚伯拉罕和以撒，或者"好撒玛利亚人"的故事。下午，她则会叫我们表演早上听到的故事，并且在她的指导下进行即兴创作。有些同学演主角，一些同学演配角和群众演员，还有人是管弦乐队的，演奏配乐，或者用鼓、铙钹、玩具小号以及各种手工乐器制作音效。

一天，安斯莉小姐给我们读了大卫和歌利亚的故事。下午，我被选中演主角。那是我第一次，也是唯一的一次演主角。我是大卫，必须杀死歌利亚。而歌利亚的扮演者是班里个头最大、最让人讨厌的一个男生。在我"杀死"他之后，我坐在安斯莉小姐的专用扶手椅上登基加冕。安斯莉小姐把扶手椅放在书桌上，那场面极其隆重，伴随着喧嚣的管弦乐，充满感激和崇敬之情的"以色列民众"在我面前鞠躬致敬。这堪称我幼年生活中最激动人心的时刻。

大家想必不难理解，为什么一个学习迟缓的男孩（班上的笨孩子）会对那一幕始终难以忘怀。我的母亲，当时为了让我保持安静而出于母性本能所想到的办法，还有安斯莉小姐，出于她的专业认知所做的事，其实都是阅读教育中不可或缺的内容。她们都选择了让我一边看着书，一边听她们大声地读故事。通过这种方式，她们把讲故事的方式输入我的大脑，把讲故事所用的语言输入我的大脑，还把通过特定方式构建出的各种意义的文字形象和发音输入我的大脑。她们为我提供了大量用得上的模式，帮助我理解所读的东西，直到我终于可以独立地阅读。

安斯莉小姐还做了别的。她把阅读这个行为"具体化"，真正将它变成了一件具象的东西。这个东西就是我们表演的戏剧。她通过这种方式，让学生将身体和情感同时投入故事的创作和再创作中。换句话说，她将学生的五感和身体统统积极地调动起来，让学生在**思考**故事的同时，也能从身体和精神层面**感受**故事。安斯莉小姐教学生读书认字的方式始于这些故事，人类自身的开端也始于这些故事，就像魔术，就像充满戏剧性的仪式，正是我们现在所谓的戏剧。

儿童把它叫作"游戏"（playing）。其实我们成年人何尝不是？我们在剧院"看戏"（plays），而演员则在台上"演戏"。把故事演绎出来是人的本性。对孩子来说，把表演故事当作游戏则是一种本能，直到他们长大后有了自我意识。等到他们9岁或者10岁的时候，自我意识逐渐形成，特别是到了青春期——就会希望游戏更加正式，直至变成大人口中的戏剧：故事要有剧本，还要从各个方面精心选择和设计，包括服装、音效、道具、特殊灯光，当然还要有观看故事来龙去脉的观众。

以我个人的经验以及作为一名在职教师的观察，我发现有智慧的老师都会给学生大声朗读，不管学生的年龄和受教育程度如何。给青少年和大学生大声朗读的重要性，其实并不亚于给婴幼儿大声朗读。我们通过这种方式，引导他们选择自己想要读的书；我们通过这种方式，让他们熟悉尚未读过、认为"太难"的文学作品。如果他们想要成为阅读者，就必须经历这个过程；我们通过这种方式，帮助他们充分体会语言的音乐性——因为所有的语言，无论是口头语言还是书面语言，都是经过精心编配、包含智慧的乐音。这种乐音是语言之美的体现，也是我们能从阅读中获得的乐趣之一。我们可以通过这种方式，最为有效地帮助那些存在阅读困难、进步缓慢的人。更重要的是，我们可以通过这种方式，帮助那些因为教学方式糟糕或藏书匮乏而"半路夭折"的阅读者。

我们在"阅读的戏剧"的第一幕，重申了人类祖先既是语言的生产者和使用者，也是故事的创作者和表演者这一重要事实。听别人讲故事，听别人大声朗读故事，并怀着喜悦的心情演绎故事——也是我们身为阅读者的基本活动。

🎬 第二幕第一场：
"《丹迪》（Dandy）的故事"

正如我所说，我的父母都不爱读书。但大概从我5岁开始，母亲每周都会给我买当时颇受欢迎的儿童连环画杂志《丹迪》。这本杂志的每一版对开页上都是一个冒险故事，主角是各种稀奇古怪的人。上面画着黑白或彩色的卡通连环画，对话内容都写在气泡框里，有时候还会在图片下面配上简短的文字说明。

这些滑稽故事里最著名的角色之一就是"拼命阿丹"，一个力量超凡的牛仔，因为某种原因出现在一个英国小镇。他最喜欢的美食是巨大的肉饼。他经常痛快地修理那些恐吓弱小的坏家伙。

《丹迪》中连载的漫画冒险故事就相当于今天的电视情景喜剧，每周更新一集。其中的角色没有任何变化，没有变老，似乎也没有从"周复一周"的倒霉中吸取任何教训。

我喜欢读《丹迪》，因为它有意思，读起来很轻松，大人的角色滑稽可笑，而且恶霸最终总会落得最悲惨的下场。还有一个同样重要的原因：它完全属于我。我的父母从来不看。如果我愚蠢到把这本杂志带到学校，它一定会立刻被老师没收并处理掉，因为当时的教育当局认为这些浅薄的连环漫画不利于树立正确的道德观，会教坏小孩。15 年后，当我自己成为一名教师时，这个荒谬的命题仍然没有被推翻。毫无疑问，《丹迪》成为禁书这一事实反而令它吸引力倍增。

　　因为我认字少，所以喜欢《丹迪》还有另外一个理由。它所有的故事几乎都是通过漫画呈现的，我不必纠结于太多不认识的字词。当时我的老师似乎还没有领会那条适用于所有教学的黄金法则：要从学生所处的位置出发。即将他们知道并且感兴趣的东西作为出发点，然后再向他们未知的领域前进。如果我的老师能领悟到这一点，并且能和我一起读《丹迪》，鼓励我像看图片那样尽可能多地读文字，我确信自己能更顺畅、更愉快地掌握阅读技巧。本条经验法则适用于各个教育阶段。在我成为老师之后，我也曾三番五次做实验。

　　例如，我记得有个孩子叫菲利普，15 岁的他从不阅读，据我所知是这样，无论我推荐什么书他都不肯读，我竭尽所能地想要劝他读书。有一天，我绝望地说："看在上帝的份上，菲利普，总有**什么东西**你会读的吧？""是的，"他咧嘴笑着说，"有的。"他从口袋里掏出一本破旧的詹姆斯·邦德（James Bond）的小说。当时，詹姆斯·邦德的故事被认为不具"教育意义"，因此自然不适合收藏在学校图书馆里。不仅如此，根据对菲利普的能力测试，他根本没有达到阅读这种书的水平。

我问菲利普，你为什么那么喜欢詹姆斯·邦德的故事？我其实并不指望能得到什么具体的回答。在这之前我从他那里听到的最多只是几句小声咕哝或者含混不清的话。但那天我们的对话至少持续了 15 分钟，其间他详细解释了自己为何喜欢读邦德的故事。结果，我向他借了那本破旧的小说，答应当晚就读，而我也确实照做了。从那时起，我们经常一起讨论菲利普正在读的詹姆斯·邦德的故事——而且是读了又读——我也会搜寻其他类似的故事，其中一些他不仅读过，而且很喜欢。

菲利普这件事给我上了重要的一课。在那之前，我一直认为我的工作就是让学生读我认为他们应该读的东西。而与菲利普以及一些和他差不多的孩子打过交道之后，我意识到不仅要从学生当时所处的位置出发，还要尊重他们的阅读意向，无论我们对此抱有怎样的想法，也要将彼此视作阅读俱乐部中的平等成员，与之对话。

但是，作为提醒，我仍要多说一句：我发现大多数老师和图书馆员其实都很尊重学生的阅读意向。他们还会将那一类书纳入学校图书馆的藏书目录，甚至课程。于是，阅读在校园里蔚然成风，老师和图书馆员认为这就是成功的标志。但在这样做的过程中，他们往往忽略了另一个重要事实：**只**给孩子提供他们自己喜欢的书，和**只**给孩子提供自视甚高的大人认为学生在学校应该读的书一样，都是糟糕的做法。

换种方式来说，我们可以这样问：教师究竟是做什么的？如果我们要求学生只读他们自己喜欢的书，教师还有什么存在的必要？在我看来，能帮你去到凭借自身力量无法去到的地方，这样的人才能被称作教师。

让我再重申一次：我们要从学生所处的位置出发，利用他们知道并且喜爱的东西，**帮助他们站得更高**，发现并体验没有我们的帮助他们就无从知晓，也没有机会喜欢的东西。

🎬 第二幕第二场：
"沃泽尔·古米奇（Worzel Gummidge）的故事"

事实上，并不是哪位老师，而是我的祖母帮助我完成了从看《丹迪》到阅读纯文字版故事书的跨越。我 10 岁的时候因为出猩红热而住院。当时得了这种病需要入院隔离 3 周。我解除隔离回家的当天，祖母送了我一本书作为礼物。这本书叫《沃泽尔·古米奇历险记》（*The Adventures of Worzel Gummidge*），作者是芭芭拉·尤芬·托德（Barbara Euphan Todd）。我开始读这本书是因为在处处受限的恢复期间，我实在没有别的事情可以做。

沃泽尔·古米奇是一个坏脾气的稻草人，他的脑袋是用"mangel-worzel"（一种甜菜的旧称）做成的，头发是用干草做的，身体则是用塞满稻草的旧衣服再插上木棍做成的。沃泽尔不仅能说话，还会用他的木棍脚在地上蹀来蹀去，当然是在大人看不见的时候。他和两个 10 岁的孩子（一个男孩和一个女孩，趁学校放假期间来亲戚家的农场小住）成为好朋友并经历了十分有趣的冒险。

当时我无法解释为什么这本书深深地吸引住了我。在接下来的两年时间里，我一共读了 13 遍——是的，我一直数着呢！这是我从头到尾读过的第一本书，简直爱不释手，刚看完就又开始从头读。如今回过头去看，我可以从教师的角度解释自己之所以如此喜欢它的原因。我曾住在乡下，农场、田野和稻草人对我来说都是再熟悉不过的事物。作者在用词上十分直接，不复杂，没有超出我的词汇量范围。整个故事被分成若干不长的章节，让我在读的过程中可以不时停下来喘口气。可以说，这个故事主要是由很多事件组成的，而这些事件有时候只用短短几句话就能交代清楚，并且在叙述和对话之间保持了巧妙的平衡。

换句话说，其实没有太多原因，只是因为恰到好处的描写推动了故事情节的发展，让原本很容易感到无聊的我始终充满兴趣。其中有几页全是插图，让我得以从文字中暂时解脱，并且在不需要文字描述的情况下帮助我了解书中角色和场景的样子。故事里的所有情节都是从儿童视角来观察的。虽然我不得不说服自己相信稻草人竟然会活过来，会说话、会走路，但故事里发生的其他一切事情都能在我所了解的日常生活中找到依据。这个故事其实是在讲友谊、忠诚、遇到困难时互相帮助，以及孩子们在脱离大人掌控期间的秘密经历。换句话说，我再也想不出比这更符合我当时的喜好、能力和阅读经验的书了。

一次偶然的机会，我的祖母成功解决了在帮助人们成为阅读者时可能面临的最大困难。她在正确的时间、为正确的对象匹配上了正确的书。作为教师和图书馆员，如果也希望能在日复一日的工作中发挥专业技能成功做到这一点，就需要做好两件事：一是了解大量不同种类的书籍；二是了解儿童的背景、此前的阅读经验，以及喜好。

幸运的是，儿童在成为阅读者的道路上，并不只是依赖于这一个条件，这就是我接下来要说的——

🎬 第二幕第三场：
"艾伦与图书馆的故事"

在我读完《沃泽尔·古米奇历险记》之后不久，我们全家就搬到了更大的镇子上，因为我父亲在那里找到了一份新工作。我以前从未在城镇里住过，在那里也没有朋友，我很不开心。不过，在我家对面住着一个和我年龄相仿的男孩，名叫艾伦。几个星期后，艾伦和我成了朋友。他的父母经常读书，所以他也如此。他还是镇上一所非常好的公共图书馆的儿童馆会员。每个星期六，他都会去那里借阅下个星期要读的书。

我必须事先说明一下，在这之前我没有听说过公共图书馆这种地方，也不知道那是干什么的。但就像孩子们总是认为所有人的生活都和自己的一样，艾伦认为我也应该经常读书，也应该知道图书馆，也应该想入会。

他想让我入会还有另外的理由。按规定，一个人一次只能借2本书，而且必须把书还掉后才能借新的。如果我加入，我们一次就能借4本书，这样艾伦一周的阅读量就能翻倍。

艾伦是我唯一的朋友，朋友做任何事都要在一起。而且说实话，我不想让他觉得我无知或者愚蠢，于是我也成了图书馆的会员。艾伦是领头的，他非常自信，他负责挑选我们要借的书。这样也不错，因为我被那一排排庞大的书架所震慑，完全不知道如何选择。

整整两年时间，我每周都陪着艾伦去图书馆，根据他的安排把书借出来，然后在接下来的一周把4本书全部读完，因为他希望我这样做。结果，两年后，我们的友谊虽然不似以前那般热烈，但我却成为一个不折不扣的积极阅读者，学会在图书馆自由穿梭，摸清自己的喜好。比如说，我发现自己喜欢读描述海上生活的书，关于动物——那些我在乡下独自散步时经常能看到的动物的书，还有许许多多的小说，它们最终取代了《沃泽尔·古米奇历险记》成为我的心头好。我第 13 次也是最后一次读这本书，正是在这"两年读书学徒期"的末尾阶段。

我欠艾伦一个大大的人情。是他，而不是老师，为我制定了成为一名习惯性阅读者所需遵守的铁律。是他，向我引荐了一个藏书颇丰的宝库。也正是他，教会了我如何穿行于书海，通过嗅闻和鉴赏力寻找目标，锁定那些我不仅想读而且也**需要**读的下一部书。这是当时一个朋友能为我做的最好的事了。这也是父母、老师和图书馆员应该为儿童做的最重要的事情之一。

我必须补充一点，尽管那两年我阅读了大量书籍，却只是为了打发时间。我并不认为阅读是我当时生活中最为重要的事情。

🎬 第三幕：
"特里的故事"

根据我的经验，许多人能够成为忠实的阅读者，都是源于对"某本书"的发现，他们第一次碰到了一本像是在对他们倾诉的书，一本让他们感同身受、仿佛就是在写关于他们自己生活的书，一本为他们说话、痛快吐露他们想说却从不曾说出口的话的书，一本让他们获得认同感、激发自信的书。我把这类书叫作"顿悟之书"（epiphany books）。它们能够做到迄今为止其他书不曾做到的事情——帮助读者揭示真正的自己。它们仿佛是朋友，是同伴。

在我的个人生活中，那本"顿悟之书"带给我的体验是如此深刻，以至于改变了我的人生，我在本书《拿下那本"企鹅"准没错》一章中对此有专门的论述。在这里我想补充的是，我相信这是培养阅读者的一个关键，但这个问题难就难在没有人能确切地知道哪本书会成为一个孩子的"顿悟之书"。因此，人们特别是学龄儿童才非常有必要大量接触不同种类的书籍。

能让人顿悟的书往往出现在意料之外。例如，我记得一个来自偏远地方农场的 14 岁男孩特里。他的爸爸属于半文盲，是一个体力劳动者。他的家里没有书。他的标准阅读测试得分极低，老师对他的评价是"迟钝"，"在接受教育方面的能力非常有限"。在图书馆课上，当其他学生可以选择自己想读的书并且用整节课的时间来读时，特里在读的——或者更确切地说在浏览的——却是杂志。我曾试过找寻他愿意尝试读一读的书，但失败了。

在某天的图书馆课上，我看见他坐在桌旁，手里拿着一本厚厚的书，似乎正在聚精会神地读着。我不想打扰他，因此并没有走过去。快下课的时候，我经过他身边，看到那本书是《鲁滨孙漂流记》（The Adventures of Robinson Crusoe）。我无法想象他怎么能看得懂用 18 世纪古老英语写成的这本书——很多长句中夹杂着大量"艰深"且已经不再使用的词汇，没有对话，通篇文字没有任何插图。

等到下一次上课时特里又拿起了这本书继续读。同样的事情一连发生了好几周。我终于开口问他是不是很喜欢这本书。他说是的。我问他有没有觉得这本书很难。他说："有一点儿。"我问他为什么这么喜欢这本书。他说，因为它写的是一个人独自生活在岛上，写这个人如何照顾自己，如何建造房子、种植食物以及饲养动物。

他花了好几个星期才读完这本书。事后看来，尽管这本书好像超出了他当时的阅读水平，而且对许多青少年来说很"无聊"，但他喜欢这本书的原因仍然显而易见。因为他是独子，住在农场，每天早上五点半起床帮爸爸挤牛奶，放学回家后，还要帮忙干其他农活。据我所知，他的朋友很少，没有一个算得上亲密。农场就是他的生活。他或许就是那个独自生活在岛上的鲁滨孙·克鲁索。

🎬 第四幕：
"来自课堂的课"

我曾当过 11 年的中学教师。在那段时间里，我主要教英语和戏剧，还在一所学校当过图书馆员。这所学校有 500 名 11 到 16 岁的男孩和女孩，他们的学习成绩不是很好，相当一部分学生极少读书。而我的工作就是帮助他们尽量多读、多理解。那段时间我积累了大量重要的经验教训，其中很多和我小时候的经历如出一辙。请让我从一个问题谈起吧！

为什么这些青少年，还有今天很多和他们差不多情况的青少年都不喜欢读书？怎样才能把他们培养成阅读者？

第一，因为他们中的大多数人都来自藏书很少，甚至完全没有书的家庭。他们的父母或监护人自己不读书，也没有人给他们大声朗读。

第二，他们不会主动阅读，除非我把他们自己喜欢读的东西——特别感兴趣的杂志，比如体育杂志、青少年流行刊物，或者是一些篇幅短、不难读的书，内容和他们有关而且是平装本——摆在他们眼前。

第三，如果由我大声读给他们听，他们听一天都没问题。就这个方面来说，他们就像饿了很久的人那样极度渴望暴饮暴食。我每天都给他们朗读民间故事、短篇故事。我还计划分集给他们读长篇小说，以为他们会感兴趣，但他们说这些书"太难了"。

第四，我们亲手制作书。其中一些书由他们选择想写什么内容——他们爱好或特别感兴趣的话题，比如摩托车和动物，也有原创故事。他们往往喜欢用自己画的画、照片或者从杂志和产品目录上剪下来的图片做插图。另一些书则是我们共同制作的，比如，他们会从我朗读过的诗歌中选择自己喜欢的做成诗册，或者从我读过的故事里选一些片段集结成册。写作造就读者。写作和阅读是共生关系，相互助长。通过写作，你可以把你读到的东西变成自己的东西。

第五，我们经常讨论：他们读过哪些书，喜欢或者不喜欢哪些书，我们一起读书的时候有哪些地方让他们觉得很难。这种讨论越频繁，我就越确信交流对培养阅读者的重要性。

第六条经验实在是不言自明，我一说可能大家都会感到好笑——只有为自己读书，才能成为一个阅读者。同样不言自明的是，如果想让儿童自己读书，就必须给他们时间做这件事。然而遗憾的是，大多数孩子在家并没有时间阅读。他们唯一能做这件事并能得到必要帮助的地方就是学校。这意味着无论在哪个教育阶段，学校都必须每天留出一定的时间让学生自己阅读。

阅读不仅仅在于用眼睛逐行浏览印刷文字并努力破译它们，还要花时间读词、思考，想象那些词汇所描述的人物、场景和事件。我们必须时刻谨记大声朗读这些单词的重要性，因为从没听过的单词自然不容易读出来。

当我们读到有意思的内容时，便会想和朋友或读过同一本书的人一起讨论。

不仅如此，如果某一本书能让我们感觉无比欢乐，我们往往会想"再来一次"——想找到另一本能带来同样多乐趣的书。于是，阅读逐渐成为日常生活的一部分，成为我们渴望做的事。

现在我来做一下总结，尽管可能不得不再次重复刚刚说过的话。

对于正在学习阅读的各年龄段学习者来说，即便是大学生，也必须通过讲故事——关于我们从哪里来、如何变成现在这样的故事，关于我们自己的故事，关于学生的故事，关于当地的故事，关于国家的故事，关于世界的故事——来学习。

对于各年龄段的学生，都必须为他们大声朗读我们希望他们能读的书，让他们把稍后自己会读到的内容先听一遍。

我们必须将各式各样的书摆在学生面前，既包括他们自己喜欢并且愿意读的书，也包括我们认为他们应该了解并尝试去读的书。这些书要便于获取。任何一所管理得当的学校都会将学校图书馆安排在校园里最重要的位置。

我们必须让学生有时间浏览、品味这些书，还要允许他们自己寻找想读的书。

我们必须让学生利用在校时间进行集体默读，这样做是为了让他们相互影响，培养认真阅读所需要的耐力和专注力。

我们必须鼓励学生经常性地与老师或同学讨论读过的书。这就要求我们善于运用一定的技巧，懂得该问什么问题、如何提问，以免吓退那些认为自己最不善言辞、最缺乏自信的学生。也就是说，我们要仔细倾听他们说的所有话，而不是只希望他们说我们想听的话。

作为家长、老师和图书馆员，我们自己也必须多读书——正所谓"读者成就读者"——而且要让学生看到我们这样做。英国诗人威廉·华兹华斯（William Wordsworth）曾说，儿童"全部的使命就是不断地模仿"。他们模仿成年人通过行动展示的有价值的行为，尤其爱模仿他们所崇拜的成年人。

我们不能忘记，"把故事表演出来"是儿童的本能，尤其是 9 岁或 10 岁之前的儿童，我们要给他们足够的时间和空间来做这件事。

我们必须鼓励学生写作并制作自己的书，用任何吸引他们的方法，无论是用纸笔还是电脑都可以。

此外，我们必须面对这样一个事实：吸引读者并没有任何立竿见影的轻松方法，也不可能单凭一种方法就能教会儿童阅读。我们需要运用各种技巧。不存在对所有人都有效的阅读教学公式。阅读习惯和能力的培养需要教师和图书馆员循序渐进、日复一日地引导，他们自己要热爱读书，知道自己在做什么，要了解书籍、了解学生。

📽 尾声

在我们对阅读的渴望、冲动与**需求**的内核里究竟隐藏着什么，让我们不是为了消磨时间，而是心甘情愿地投入热情与专注？请原谅我引用一句我本人创作的青春小说《来自无人地带的明信片》（*Postcards from No Man's Land*）中的一句话来回答这个问题。一位荷兰老太太知道自己不久于人世，于是她给这本书的主角——17岁的雅各布写了一份回忆录，讲述自己少女时代的故事。她在其中曾这样提到阅读：

我们人类是如此迫切地渴望忏悔。对牧师，对朋友，对心理医生，对亲戚，对敌人，如果实在没人甚至还可以对施虐者，只要能袒露内心所想，对谁说都无所谓。即使是再深藏不露的人也会这样做，再不济他们还可以写秘密日记。每当我读故事、小说和诗歌——尤其是读诗歌的时候，我就常常想，这些也不过是作者的忏悔，只是经由艺术转化成了对我们所有人的自白。确实如此。回顾我一生对阅读的热情，这是一项我愿意坚持下去的活动，是唯一能带给我历久弥新的快乐的活动，我想这就是为什么阅读对我如此重要。那些令我毕生难忘的书与作者，是在向我诉说，替我说出我最需要听到的生活箴言，仿佛就是我本人的忏悔。

*

　　本文是一篇演讲稿的修订版（2022 年），原为 2007 年在西班牙萨拉曼卡大学召开的一次会议上的演讲，会议的主旨是探讨关于"儿童与阅读"的问题。

第一章

安妮·弗兰克的钢笔

Anne Frank's Pen

和所有伟大的作品一样，《安妮日记》（*The Diary of Anne Frank*）自成一格。虽然其本质是每日记录，但它似乎拥有专属于自己的特色、个性和意识。

如许多伟大的作品一样，《安妮日记》也催生出了多个与之相关的行业。它被改编成电影、戏剧和电视剧，被用来设计出各式各样的纪念品、小摆设、明信片、T恤、多媒体纪录片，还有大量衍生出来的文学作品。它是学校课堂学习和学术研究的主题。人们参观作家在创作这部作品时躲藏的密室，感受故事发生的环境。这本书被翻译成多国语言，引发的讨论似乎说也说不完。如许多伟大的作品一样，每次重温它，你似乎总会有新的发现。它随着你的成长而成长，随着你的改变而改变。事实上，甚至会有读者这样说：《安妮日记》就是促使他们成长和改变的原因。

是的，《安妮日记》正是这样一部伟大的作品。它是关于青春期的故事，当时的创作者恰好也正处于青春萌动的年龄。这使得它成为比较和分析青少年文学的一个基准、模型及标杆。同时，它也提出了一些重要的问题：写作（writing）相对于创作（authoring）的本质；读者、对作者的解读以及作品内容这三者之间的关系；涉及翻译的相关问题和道德准则；等等。无论如何，它都堪称一部魅力隽永的文学佳作。它的存在本身时刻提醒我们：什么样的作品才当得起"文学"之名。

《安妮日记》的英译本于1952年首次推出，译者是B.M.穆亚特－道布尔迪（B. M. Mooyaart-Doubleday）。本书由此逐渐为世人所知。1995年推出全新译本《一个年轻女孩的日记：权威本》（*The Diary of a Young Girl: The Definitive Edition*）［安妮·弗兰克著，苏珊·玛索蒂（Susan Massotty）译］。在此期间，荷兰国家战争文献研究所（Netherlands State Institute for War Documentation）还在 1989 年出版过一本《安妮日记：评注本》（*The Diary of Anne Frank: The Critical Edition*），这是荷兰政府对这本日记的由来、记录过程、素材以及笔迹等诸多方面进行的跨学科调查的成果，目的是对这部作品的真实性加以考证（确已得到证实）。权威本的英译版《安妮日记》基本采用了穆亚特 – 道布尔迪的翻译，并增加了一些此前未发表过的章节（占日记原始内容的 30%）。新内容则由阿诺德·J. 波梅兰茨（Arnold J. Pomerans）翻译。

下文节选自初版英译本:

我的性格中有一点很突出，任何认识我有段时间的人想必都对这一点印象深刻：我对自己很了解。我可以像一个局外人那样观察我自己和我的行为。面对平日里的安妮，我可以丝毫不带偏见，不会为她找各种借口，对她的优缺点一概冷眼旁观。这种"自我意识"真是阴魂不散。我只要一开口说话，立刻就会在心里告诫自己"不该那样说"或者"说得不错"。我在很多事情上责怪自己，多到数不过来。我越来越觉得爸爸说的那句话真是太对了："所有的孩子都必须学会自己培养自己。"父母只能提供建议，或者指出正确的方向，但一个人的性格最终会被塑造成什么样还是取决于这个人自己。

这篇日记写于 1944 年 7 月 15 日星期六，是整本日记中最长、最令人动容的篇章之一。安妮出生于 1929 年 6 月 12 日。当她写下这些文字时只有 15 岁零 1 个月大。那时，她已经躲藏了 2 年，和 5 个中年人及另外 2 个青少年一起，藏在阿姆斯特丹王子运河街 263 号她父亲办公室后面的阁楼里。那几个房间既封闭又黑暗，而且拥挤不堪。夏天闷热难挨，冬天冷如冰窖。从她过完 13 岁生日后没几天，她就不能外出了。也正是从那时起，我们猜测她开始写这些日记。

15 岁。我想知道有多少 15 岁的孩子能写出这样的文章？亲爱的读者，不管你多大，我想知道你是否能做到？这一点我很清楚：我自己 15 岁的时候可写不出来，就是我 65 岁的时候也写不出。我们索性直接承认吧：我们面对的这个女孩绝非常人。

还有一些事我们必须谨记。安妮写的内容并不是我所引用的这段，因为她并不是用英语写的。她使用的是荷兰语，我们读的是译文。我们还需要记住，安妮的母语是德语。1934 年 2 月，为了躲避纳粹的大屠杀，她和家人被带到被认为是避风港的中立国荷兰。在那里，她加入了阿姆斯特丹一所蒙台梭利学校的幼儿班，并开始学习荷兰语。所以她的日记是用第二语言写成的。当我问我的荷兰朋友安妮的荷兰语怎么样时，他们说她的荷兰语造诣极高，而且——鉴于写作对语法的正确性和文风的正规性都有要求——其中既有高雅的文学用语，又有通俗的口语表达，这让她的日记显得与众不同，很有意思。这或许恰恰是因为她是用第二语言进行记录的吧！然而这难道不正是充满书生气、满脑子文学的年轻人经常做的事情吗？当他们自发自觉地开始"写作"时，不正是喜欢把传统上认可的文法和不认可的口语掺在一起吗？安妮能力出众，但她经常表现出来的冲动和很多行为仍是典型的青春期少女。这一点从她在日记中讲述的逸事不难看出，并且还得到了梅普·吉斯（Miep Gies）的证实。这位勇敢的女性冒着生命危险为安妮等人提供帮助，给他们偷偷送去食物、书籍、药品、报纸和其他一切生活所需。她的书《回忆安妮》（*Anne Frank Remembered*）是我们所知的关于安妮最全面的介绍。梅普在安妮一家抵达阿姆斯特丹后不久就认识了她，并且几乎每天都能见到她，直到她被押往纳粹集中营。

安妮有一个宏伟的目标：想当一位著名的作家。

我有一个荷兰朋友叫威尔弗雷德·塔肯（Wilfred Takken），现在是一名优秀的专职作家。20 世纪 80 年代，当他还是阿姆斯特丹大学的学生时，他给我讲过一个故事，并且他觉得我一定会感兴趣。有一天，他在去大学图书馆的路上遇到了两个年轻的背包客。这两个漂亮的女孩和他年龄相仿，说话带美国口音。威尔弗雷德当时正在学习美国文学与政治，因此他开始和两人攀谈。他提到了战争。"什么战争？"两个美国女孩问。"第二次世界大战。"威尔弗雷德说。"哦，"姑娘们说，"荷兰人参加那场战争了吗？""当然，"威尔弗雷德说，"我们被德军占领了 5 年。""真的吗？"姑娘们说，"我们都不知道。"

第二天，威尔弗雷德刚好路过王子运河街上的安妮之家。当时快到 10 点钟了。像一年中绝大多数日子一样，那个时候刚好是游客们排着大队等待进去参观的时间。他竟然在队伍里看到了那两个背包客。"你们好，"他说，"你们在这儿干什么？""等着进安妮之家呢！"姑娘们说。"可我以为你们不知道荷兰人和那场战争的关系啊！"威尔弗雷德说，"如果你们读过安妮·弗兰克的日记，就该知道这件事的。""可我们并没有读过那本书。"姑娘们说。"那为什么想参观她的家呢？"威尔弗雷德问。"嗯。"女孩们说，"我们知道她是一个著名作家，所以我们想看看她住过的地方。"

当我听到这个故事时，竟一时语塞。威尔弗雷德先是等我像老爸那样长吁短叹一番：美国人啊！现在的年轻人啊！这个世界怎么了！——然后他说："你错了。安妮并不想被关在那些可怕的房间里长达2年。她不想被拖去死亡集中营。她唯一的愿望就是成为一个著名的作家。现在好了，她在世界各地都很有名，连对她几乎一无所知的人都排着队想看看她在什么样的地方写了一本她们根本没读过的书。我想安妮如果知道了一定乐翻天。她实现了自己的抱负。我们谁能像她那样成功？"显然，他是对的。

有人说《安妮日记》是世界上读者人数和翻译版本最多的书之一。当我调查成年人读这本书的情况时，很多人说他们在十几岁的时候就读过这本书，后来就算再次拿起来，也只是读片段而已，再也没有一次性通读整本书。事实上，大多数人记得的并不是这本日记里的任何内容，而是一个相当混乱且粗略的关于安妮及其日记的印象。他们所知的是一个传奇故事，一个仿真陈述——只有少数事实，大部分是被歪曲的事实，甚至还比不上虚构的小说。

如果你很久没有重温过《安妮日记》，我邀请你再次拿起它。这一次，像读一本小说一样从头读到尾，尽可能集中一段时间来读。现在我要告诉你为什么。

*

1942 年 6 月 12 日星期五，是安妮 13 岁的生日。她收到了好几份礼物，其中有一本方形空白笔记本，亚麻封面上是红白两色的格纹。安妮打算用它来做自己的签名册。这并不算是惊喜礼物，因为它是父亲带安妮买东西时安妮自己选的。那一天，她在本子里写下了自己的企盼："我希望能向你倾诉一切，就像我从未向任何人倾诉过一样；我希望你能成为我最大的安慰和精神支柱。"直到 9 月 28 日星期一，在她和家人躲藏了两个半月之后，她发现自己的企盼竟然以如此残酷的方式实现了。那一天，她在日记的第一篇后面又附上了一句话："啊！我真庆幸把你带来了！"

第二篇日记是安妮生日过了两天之后的那个星期天写下的，第二天她又写了第三篇。她在日记里把日记本作为自己的倾诉对象：她和日记本说话。然后在下个星期六之前，她没有再写任何东西。因为她说，自己需要好好琢磨一下该在日记里写些什么，毕竟谁"会对一个 13 岁女学生的倾诉感兴趣呢"？在接下来那个星期六写的日记中，她用很长的篇幅介绍了自己和家人。她解释说："我特别想写东西，更想把心里所有的话都说出来。"然后她又加上一句："我想让日记成为我的朋友，我打算叫这个朋友吉蒂。"自此之后，她的每篇日记开头都变成了"*Lieve Kitty*"（亲爱的吉蒂），也有少数日记的开头写着"*Liefste Kitty*"（最亲爱的吉蒂）。

研究日记的专家指出，刚刚开始写日记的人，尤其是女孩子，往往会选择一个倾诉对象，而这个倾诉对象有时是编造出来的。

原因不难理解。除非你知道自己在和谁说话，否则很难决定该如何记叙你的日常生活。比如我有一个朋友，他对我读的东西不感兴趣，但却非常喜欢听我讲自己正在写的东西。我会和一些朋友讨论财务问题，但绝对不会和另一些人谈起。我们都是这样：知道你的读者是谁，能够决定（或至少帮你选择）主题，同时还能决定（或至少帮你选择）使用的语言类型。给亲密朋友写的电子邮件和给不了解的商业记者写平信，你的口吻肯定不一样。

在这种交流模式下，所有作者都是依赖于读者的。

一些有经验的作家知道，这种依赖关系需要适时转换。多年前，罗兰·巴特（Roland Barthes）为我们提供了两个术语："可读性文本"与"可写性文本"。我本人对此给出的解读方式是从讨论"写手"（writer）和"作家"（author）的区别入手。写手，为已知的读者群体写作。他们知道读者想看什么、用什么语言，以及对篇幅长短、复杂程度和写作口吻的偏好。写手要满足需求，就像所有手工艺者必须做的那样。他们需要依靠自己生产的东西谋生，要以读者为中心。而作家，他们以文本为中心。他们的目标是创作某物——一首诗、一部小说、一出戏剧，五花八门——而且在进行创作的时候不必考虑任何特定的读者群体。以作品谋生并不是作家的目的，如果恰能如此，他们一定会感到庆幸。就像创作"可读性文本"的写手要交出自己以满足读者需求一样，创作"可写性文本"的作家也要交出自己以满足作品的需求，满足创作过程中不断产生的文本需求。他们往往在一开始对最终的文本只有一个凭直觉形成的模糊印象。他们并非朝着早已知晓的目标推进，对结局也只有大概的感知，是在不断发现的过程中抵达的终点。内容、语言、篇幅、口吻，一切的一切都是根据文本的需求现场制造的。当文本出版时，它自会找到属于它的读者群体。这个读者群体是如此不可预知，以至于推广和销售人员很难锁定和"瞄准"。

当我从头到尾一气读完安妮的日记时，我目睹了这种转变，从"写手"到"作家"的转变，就那样发生了。我目睹她如何学习写作，如何自学成为她想要成为的那种作家，就连她自己也没有意识到其中的差别。我不知道还有哪本书能够如此细致入微地体现这种蜕变。它在我眼前发生，就像蝴蝶破茧而出。

一开始，安妮对着她正在写字的小方本子说话。但没过多久她就不满足了。纸张无法阅读，它只是冰冷、苍白、没有反应的平面。于是安妮自然而然地做出了选择，她选择为某人而写。她创造了吉蒂。吉蒂只是作为安妮的读者而存在。安妮是个天生的叙事者，一名小说家。我们对她的所有了解都能证明这一点。她的日记中穿插着各种情节，足以称之为短篇故事。而她构建故事所用的素材极其有限，不过是她栖身的那个秘密避难所——小房间里的日常生活。除了日记，她还写了许多独立的故事，是她特意创作出来的短篇小说。

现在我想认真探讨日记中记录的一个故事。不过首先我们应当注意一个很小但却具有深刻意义的细节，那就是安妮创造吉蒂的举动。在1942年6月20日星期六的日记里，安妮创造出了吉蒂。她写到自己之所以开始写日记，是因为自己没有"真正的朋友"，那种可以亲密相处的朋友，那种——就像第一版英译本所说——"能谈论日常话题之外的事"的朋友。紧接着她又加上了一句："我想让日记成为我的朋友，我打算叫这个朋友吉蒂。"换句话说，她并非是在给另一个虚构的人物起名字，而是在给她的日记起名字。这样做就是赋予日记——赋予她自己写的东西——一种人类的意识。这并非是她所能意识到的意识，并非出自她日常的自我意识；而是说，她决定结识一个未知的意识，另一个自我，一个被她叫作吉蒂的自我。

刚开始写日记的青少年往往喜欢编造一个读者，但通常不会把这个读者的个性和意识融入到日记本身中去。这是安妮的一个意外之举，肯定代表某种不同寻常的渴望，或者说不同寻常的目的。其实从一开始，这个青春少女的心里就已经住着一位尚未出世的作家，尽管还不知道"她"的真实面目，但对于成为那样的人安妮早就满怀期待。

1943 年 11 月 11 日星期四的一篇日记，将安妮作为小说家的天性展现得淋漓尽致，也展示了她从写手到作家的转变。当时，她 14 岁零 5 个月大。

安妮最珍视的物品之一是一支钢笔。这是外祖母送给她的 9 岁生日礼物。外祖母从德国寄来的包裹上印着："无商业价值。"然而安妮恰恰是用这支笔写下了她的大部分日记，从开始动笔到 1943 年 11 月，这支笔写下的内容占去了整本日记将近一半的篇幅。由此看来，那包裹上的标签真是莫大的讽刺：这支"无商业价值"的钢笔帮助安妮写出了史上最赚钱的畅销书之一。但她没有用它来写 11 月 11 日的那篇日记，后来也再没用过它。因为 1943 年 11 月 5 日星期五，这支钢笔丢了。直到 6 天后她才记录下这次不幸事件。她并未采用通常的日记形式来描述事件，而是写了一个构思巧妙的故事，并给故事起名为"金笔颂·谨此纪念"（Ode to My Fountain Pen. In Memoriam）。在苏珊·玛索蒂的新译本中，安妮是这样讲述这支笔的由来的：

那是星期五下午刚过5点的时候。我从自己的房间里走出来，正准备坐在桌前写点儿东西。突然有人猛推了我一下，原来是爸爸和玛戈特想要让我给他们腾点儿位置练习拉丁文。我的钢笔就放在桌上，看来这次是用不成了。它的主人，一边叹气，一边凑合着缩在书桌一角拿起豆子开始揉搓。我要把豆子上的霉点搓掉，恢复它们的本来面目。差一刻6点，我擦完地板，把灰尘倒在一张报纸上，再用报纸包着烂掉的豆子扔进炉子。一大团火苗突然蹿了起来，我觉得这真是太奇妙了，因为刚刚还奄奄一息的火堆现在却又奇迹般地回春了。

一切又归于平静。拉丁语学生离开了，我在桌旁坐下收拾刚才放在桌上的东西。但无论怎么找都找不到我的钢笔。我又重新翻了一次桌上的东西，玛戈特也找，妈妈也找，爸爸也找，杜赛尔也找。可它就是不见踪影。

"也许掉进炉子里了，和那些豆子一起被烧了！"玛戈特说。

"不，不可能！"我答道。

然而那个晚上，我的钢笔一直都找不到，我们都觉得很可能是被烧掉了，更何况赛璐珞材质极为易燃。我最担心的事情在第二天得到了证实：爸爸清理炉子的时候在炉灰里发现了钢笔的笔夹，而金笔尖完全没有丝毫残留。"一定是烧成渣了。"爸爸猜测说。

我只得到了一点儿安慰，尽管很小但也算安慰：我的钢笔被火化了。我希望自己有一天也能如此！

你的安妮

还有谁会质疑安妮是一位出色的故事加工者吗？当然，确实发生了意外。但对故事的处理，对情节的塑造，对节奏的把控，对内容的取舍（当时说过的话肯定比呈现给读者的要多），以及富有节奏感的重复——"玛戈特也找，妈妈也找，爸爸也找，杜赛尔也找"——令这场家庭小品剧的仪式感、冲击力和风格化均得到了加强。通过自嘲的方式，她实现了从"作家作为主体"到"作家作为观察者"的间离，颇具讽刺意味地从第一人称一度变为第三人称——"它的主人，一边叹气"，还能感受到一丝略带轻蔑的幽默——拉丁语学生，刚刚还奄奄一息的火堆"奇迹般地"回春了。所有这些信号并非是在表明她是一个新闻通讯员、一个记者，而是在昭告一位与生俱来的小说作家就此诞生。普鲁斯特（Proust），最伟大的回忆加工者，也曾用同样的手法改编自己生命历程中发生的各种事件。安妮的意图在这段文字中表现得极为明显，她还特意加了标题以示强调。后来她越来越频繁地故技重施。这种技巧在这一篇之前的日记中表现得还不是很明显，然而从这一篇开始直到最后一篇，她的技巧意识和目的性变得越来越显而易见。

现在来看一件安妮生活中更具特殊意义的事件吧。1944年1月6日星期四，在她写下"金笔颂"的两个月之后（中间间隔10篇日记），安妮提到了月经。这是她第一次提到自己月经来潮，并且说到目前为止只来过3次。

我认为正发生在我身上的事是如此美妙。我指的不仅仅是外形上的变化，还有我身体里面发生的变化。我从来没有和别人谈论过我自己或者这些事情，所以我只能和自己说。每次来月经的时候（只来过3次），尽管很疼，很不舒服，又很脏，但我却因此怀揣一个甜蜜的秘密。所以尽管来月经是个麻烦事，但在某种程度上，我却对内心保有秘密的那种感觉充满期待。

这里的关键词是："所以我只能和自己说。"安妮发现了所有作家都心领神会的一件事：写作之于作家，就是作家把自己需要知道的事情告诉自己，是只能说给自己听的事，别无其他。"写手安妮"变成了"作家安妮"，这个作家成为她自己的读者。对"作家型作者"来说，写作是私人行为；而对"写手型作者"（记者）来说，写作是公开行为。当作家采用叙事作为写作形式时，产生的文字就成为文学作品。从这一刻开始，安妮一次又一次地公开表明自己是在和自己说话，尽管她一如既往地在每篇日记的开头仍然使用那个"魔法符咒"——"亲爱的吉蒂"。然而那个吉蒂不过是安妮的一个侧面，一个化身——是她自己，她想象出来的读者。吉蒂从字面意义和隐喻意义上理解，都是指书中的读者。

假设安妮的月经周期规律，或者说即便考虑到一些女孩在月经初潮后会有一段时间不规律，也可以推断安妮的第一次月经应该就发生在上一年11月的某天——碰巧就是她失去钢笔的那段时间。在新版《安妮日记》中，这篇 1 月 6 日写下来的重要日记出现在了第159页。之前的158页时间跨度为 19 个月——包括 1942 年的半年和 1943 年的一整年。1 月 6 日开始往后的日记一共有 179 页，涵盖了 1944 年安妮和家人遭到背叛、被带走之前的 7 个月的内容。在她提到自己月经来潮后的这 7 个月里，安妮的写作量几乎是她之前 19 个月日记量的 3 倍 [1]。仿佛每月涌动在她身体里的血液让她想说的话如潮水般倾泻而出。毫无疑问，如果你把这本日记当成一部小说，集中一段时间按顺序来读，就会明显感觉到这种变化。那是一股涌动的能量，一种全新的使命感，一种令人惊讶的对自己、对他人、对生活的透彻洞察。

然后又发生了一件事。1944 年 3 月 29 日星期三，安妮听到了一段荷兰流亡政府电台从伦敦传来的广播。当时的荷兰流亡内阁部长博克斯坦（Bolkestein）宣布，战争结束后计划收集私人日记和信件，以便让子孙后代了解那场战争，不仅是从历史学家和学者的叙述中了解，也要从荷兰普通民众记录的各种见闻中了解。"想象一下，"安妮在听到广播后立即写道，"如果我能出版一本关于这个秘密别馆的小说该是多么有趣！"

不是信件，不是日记，而是小说。她已经萌生了这种想法：成为一名小说家。于是她当即开始进行编辑、剪辑、改写，甚至调整日记顺序，旨在呈现她想要的模式、节奏、叙事口吻和变化效果。她俨然成了一位有着高度自我意识的作家，正在谋划自己的文学作品。她开始将一份纪实性质的记录整理成一部

---

[1] 编者注：此处数据为作者据安妮的月平均写作量估算所得。

文学作品。日记原本是一种为私下独享而进行的私人行为，但只有以作品形式公开出版才能让更多人读到——这是一个难以解释的悖论，通过制作一件公开的手工艺品，实现了一种原本极为私密的关系。

读书的价值究竟是什么？写作和阅读能带给我们的收获，有哪些是无法，或者说不会通过其他行为获得的？人们对这些问题给出了各种各样的回答。但我现在只想分享其中一个答案：在我看来，它是对这个问题一劳永逸的盖棺定论。我想从安妮在日记中写下的最后一句话说起，那是在1944年8月1日星期二，也就是德国秘密警察和荷兰纳粹同党突袭隐蔽所的3天之前。

那天安妮不太开心，她正在经历典型的青春期困扰。日记开头，她说自己是"一个矛盾体"。"矛盾"是什么意思？她问。"就像很多单词一样，可以从两方面解释"，她继续琢磨这两种不同的含义。然后她责怪自己是双面人，其中一面是个浅薄的人，而且风头总是胜过另一面——"更纯洁、更有深度、更好的"安妮。她不禁自嘲，说别人不喜欢她。但是接下来她又说："我完全清楚自己想要成为什么样的人，也清楚我现在是什么样——我的内心深处。"几行之后她写道，她不断"尝试找到一种方法，好让自己成为想要成为的那个人，我能成为什么样的人，要是……要是世界上没有其他人"。

这是安妮写下的最后一句话。这几个字带着一种近乎凄凉的辛酸，穿越那个世纪最暗淡无光的岁月。然而即便这样，其中也有可取之处。

如果我们愿意，大可以把她的最后一篇日记当作一个典型的青少年焦虑案例。事实也确实如此。只是那个令人心碎的"要是"，以及后面紧跟着的省略号，充满了对深渊的凝视。值得注意的是，在安妮日记的荷兰版手稿中，这段包含两个省略号。她是故意为之。它们不是编辑或译者加上去的。在这里使用省略号代表了什么意思？一丝犹豫吗？说明作者不确定如何表达自己想说的话吗？表明作者还不清楚自己真正想要表达的意思吗？她的最后几句话几乎是绝望的。她是故意的吗？如果她知道（因为她不可能知道）这将是日记里的最后几句话，她还会这样结尾吗？还是说，她会更愿意以倒数第三篇——7月15日的那篇内容精彩、篇幅更长的日记作为结尾？

　　我绝对不会把自己的生活建立在混乱、痛苦和死亡的基础之上。我看见这个世界正逐渐陷入一片荒芜，我听见雷声正在逼近，终有一天会将我们一并摧毁，我对数百万人的痛苦感同身受。然而，当我仰望天空，不知怎么的，我又觉得一切都会好起来，残酷会终结，和平与安宁会再度回归。此时此刻，我必须坚守心中的理想。或许有一天我就能实现我的理想！

　　这篇日记里没有青少年焦虑，只有一位火力全开、下笔如有神助、技法纯熟的作家。我们必须时刻谨记，就安妮而言，她的日记并没有写完。我们拿着的这本书是未完成的作品。从某种程度上来说这是我们的幸运。因为我们得以看到原始状态的安妮，可以说是一个不设防的安妮，一个人自言自语的样子。是的，她是一个典型的青春期少女，一个矛盾混合体，情绪时好时坏，经常和姐姐、父母争吵，崇拜父亲。这个女孩既喜欢读没什么营养的电影明星传记，却又同时具备高超的严肃文学创作能力。她不仅能用德语、荷兰语和法语写作，还能用拉丁语写作。这个女孩最喜欢的科目是历史，还喜欢古希腊和古罗马神话，着迷于欧洲皇室家族系谱图，讨厌数学。这个女孩是一个渴望坠入爱河的少女，对女性解放及女性的社会地位发表过激昂的评述。尽管她在很多方面和常人并无二致，但她如此明澈和聪慧地洞悉自己和其他人的能力，却绝非常人可比。

最重要的是，她重视自己的抱负和作为作家的天赋。1944年4月5日星期三，她这样写道：

我希望死后也能继续存在下去！这就是为什么我如此感激上帝给了我这份天赋，我可以用它来发掘自我，表达我内心的所有感受！

当我写作的时候，所有的忧虑都会被我抛在脑后。我的悲伤不见了，又变得精神焕发！但是一个很重要的问题是：有朝一日我真能写出伟大的作品吗？我能成为一名记者或作家吗？

我希望是这样，哦，我太希望是这样了，因为写作让我可以记录（重获）一切，我所有的想法、理想和幻想。

我们只能从唯一一位见证者的描述中一窥作家安妮的工作情景。梅普·吉斯，一位勇敢无私的办公室文员，始终关照着藏在密室中的弗兰克一家和其他人。1944年7月的一个美好但炎热的日子——就在安妮及其家人被出卖前不到一个月的某一天，梅普提前完成了工作。办公室很安静，她突然决定去拜访弗兰克一家。当她爬上陡峭的楼梯进入他们藏身的地方，首先映入眼帘的是安妮独自一人待在楼梯尽头那间昏暗的房间里，坐在遮得严严实实的窗户旁的那张旧餐桌旁。

我看到安妮专心致志地写着，根本没听见我上来。我走到离她很近的地方，几乎都想转身离开了，她才惊讶地抬起头，发现我站在那里。这两年在我们的许多次见面中，我看到安妮就像一只变色龙，时不时会闹情绪，但总体来说是友好的。她对我始终怀着热情、欣赏和崇拜之情。但在那一刻，我却在她脸上看到了从未见过的表情。那是一种阴郁而专注的神情，仿佛她正在经历剧烈的头疼。这种神情深深地刺痛了我，令我一时语塞。她突然变成了另一个人，在桌旁写着什么。我一句话也说不出来，两只眼睛紧盯着安妮那陷入忧思的双眼。

弗兰克太太一定是听见我进来了。我听见她轻轻地向我走来。她终于开口和我打招呼，而我能从她的语气中听出，她是在给当时的情形打圆场。弗兰克太太说的是德语，只有在情况棘手的时候她才会讲德语。她的语气略带讽刺，但依然亲切："是的，梅普，你知道的，我们有个很会写的女儿。"

这时候安妮站了起来。她合上刚刚在上面写字的本子，脸上仍然带着刚刚那种神情，用一种我从未听过的阴郁声音说："是的，而且我也会写你。"

她继续看着我，我想，我必须说点儿什么；我竭尽全力才吐出一句干巴巴的话："那真是不错。"

我转身走开了。安妮阴郁的情绪使我心烦意乱。我知道她的日记愈发成为她生活的一部分。我似乎是冒失地闯入了一段非常非常私密的友谊中的一个亲密时刻。

每位作家都很熟悉那个场景和安妮的"情绪"。被梅普的意外出现所打断的，确实是一段亲近而私密的友谊。这种友谊仅存在于写作的过程中，仅存在于"书中的作家"和"书中的读者"的阅读过程中。或者说，比起"友谊"，更恰当的字眼应该是"陪伴"。因为"书中的作家"和"书中的读者"之间的关系永远不是——也不应该是——寻常意义上发生在两人之间的那种友谊。首先就不存在相互作用。读者不可能像日常生活里的两个朋友相互交谈那样当即和作家对话。如果车抛锚了，或者晚上需要请一个保姆，他们谁也无法帮助对方。他们不能一起度假或者共进晚餐。他们根本不可能在一起，能陪伴在身边的只有书，而且这种陪伴只存在于我们所谓的意识中。

"意识"又是什么意思？当安妮为最后那几个省略号而心绪摇摆不定时，当她在思考如果世界上没有其他人，她会是什么样子时，她就是在寻找这个问题的答案。事实上，她已经找到了，就写在16天前、往前翻两篇的日记里。像很多作家一样，她正在写的书向她揭示了她在无意识中已经知晓的答案。

就在梅普·吉斯突然造访的那段时间，安妮写下了我所指的那段话，其实就是本文最开始我提到的一段话。让我们再次回顾一下，这次我引用了苏珊·玛索蒂的译本：

我的性格中有一点特别突出,任何认识我有段时间的人想必都很清楚:我有着高度的自我认知。我可以像一个陌生人那样观察自己所做的每一件事。我可以面对平日里的安妮,不带任何偏见,也不找任何借口,就这样看着她干这干那,无论好坏。这种自知之明永远不会消失。只要我开口说话,脑子里就会想:"你不该那样说"或者"说得挺不错"。我总是在很多事情上责怪自己,于是我开始意识到爸爸的话真是真理:"每个孩子都要自学成才。"父母只能给孩子提建议,或者给孩子指点正确的方向。归根结底,一个人的性格取决于自己。

所有的翻译都是一种解释行为。苏珊·玛索蒂的译本和穆亚特–道布尔迪的译本相比,在三个重要细节的翻译上选择了不同的词:

用"self-awareness"(自知之明)而非"self-consciousness"(自我意识);

用"stranger"(陌生人)而非"outsider"(局外人);

用"never leaves me"(永远不会消失)而非"haunts me"(阴魂不散)。

不仅如此,穆亚特–道布尔迪还用引号将"self-consciousness"(自我意识)括起来,玛索蒂却没有这样做。

在这段开头,安妮用"*zelfkennis*"为上下文确定了背景,这个词通常对应英文"self-knowledge"(自我认知)。玛索蒂使用了这个词,尽管用起来有些别扭;穆亚特–道布尔迪则选择了更为日常和口语化的处理方式——"我对自己很了解"。

然后安妮写了她如何观察自己和自己的行为，就好像她"*een vreemde was*"——是一个陌生人、外国人或异类。严格来说，玛索蒂的翻译比穆亚特－道布尔迪在字面意思上更为准确，因为她选择的是"陌生人"而不是"局外人"。但是，陌生人根本不了解你，而局外人却可能非常了解你，只不过是站在和你自己、你的熟人都不一样的角度来看待你。结合上下文可以明显看出，安妮的"*vreemde*"非常了解她。所以，穆亚特－道布尔迪的选择或许才更符合安妮的本意。

这就引出了安妮接下来的话。两位译者分别使用了"self-awareness"（自知之明）和"self-consciousness"（自我意识）来翻译荷兰语词"*zelfgevoel*"。虽然字典将这个词译为"self-esteem"（自尊），但"*zelfgevoel*"更准确的意思是指"对自己很敏感，或者对自己抱有一种敏锐的感知"。这段文字应该不能用"自尊"来表达安妮真实的思想，而且如果理解成"对我自己抱有一种敏锐的感知"也会让人感觉非常奇怪。穆亚特－道布尔迪认为，用"self-consciousness"（自我意识）能确切体现安妮的意思，但她给这个词加上了引号，说明她不能肯定这就是安妮的本意。这就让玛索蒂陷入了译者经常遭遇的两难境地。在这个争议点上，她是应该采用前人的选择，还是另辟蹊径？她的直觉告诉她必须另寻出路。毕竟，如果存在另一种解释原文的可能性，那么单纯沿用前人的做法，重新翻译的意义在哪里？因此，她选择了"self-awareness"（自知之明）作为一个可接受的同义词，并且没有采取任何动作表达译者对此持保留意见——或许是因为她觉得引号会让读者以为这是安妮加上去的，而不是译者加上去的。总而言之，当译入语中找不到与原文完全对应的词时，译者常常需要在两个词之间做出选择，但却不用强调这种选择。

安妮说，这种对自己的极其了解，这种"*zelfgevoel*"一刻也不曾"放过她"，"*zelfgevoel*"荷兰语的意思是被某物紧紧抓住，几乎是被它俘获或困住。安妮所说的是一种持续观察自己的经历，仿佛这个观察力敏锐的"你"是另一个看不见的存在，寄居在那个负责说话和做事的"你"的身体里，是不断纠缠你、令你永远无法逃脱的另一个"你"。玛索蒂选择"永远不会消失"在字面意义上是准确的，但不如穆亚特 – 道布尔迪选择"阴魂不散"更恰当且生动。

从头到尾，玛索蒂的版本更倾向于直译，在选词上更注重精确；穆亚特 – 道布尔迪的译本更流畅，更有说服力，更倾向于揣摩作者的本意——安妮的潜台词。哪一版最能代表安妮作品的本质？我的荷兰语造诣有限，因此无从判断。但如果当作一篇英语文章来读，我更喜欢穆亚特 – 道布尔迪的版本，感觉读起来更像是安妮会写的英语，一个生活在 20 世纪 40 年代的早熟女孩用第二语言写就的作品；而不是玛索蒂的译本，因为其中被赋予了一个现代美国少女用母语写作时的那种腔调、口吻、措辞和句子结构。

除了遣词，分段也能体现这种区别。安妮那种通常很长，现在看起来颇为"老套"、包含着大段对话的段落，也被玛索蒂拆分成更短的几段，对话则以现代新闻小说的惯用方式分开。毫无疑问，这是译者和出版商经过深思熟虑的决定，目的是让这本书对今天的年轻读者更具吸引力，更有现代感。但我们必须提出这样一个问题：这种处理手法是否能够恰如其分地表达安妮的思想——她的思维方式，她的意识形态？会不会让安妮变成另一个人？我认为是这样的。1952年版的安妮和1995年版的安妮不是一个人。这是所有翻译都存在的一个问题，也是为什么我们需要不止一种翻译版本——或者每过20年左右都要推出新的译本——对每本重要作品来说都是如此。

为什么我们要阅读被称为文学的作品？是为了其中的情节、故事、人物、思想、信息、语言、场景描述、幽默……还是为了什么？以上每一种皆为理由，或许还有更多理由，所有理由都取决于书本身。

想要触及这个问题的核心，我们需要再提出一个问题：为什么我要读那些我平时从来不读的书？这个问题我只能代表自己来回答。比如，我不喜欢对乡村景象的长篇描述，以及事无巨细地列出人物的着装。然而，我却倾心于艾丽丝·默多克（Iris Murdoch）的小说，其中充满了这样的大段描写。为什么她的书能吸引我？是因为我被书中的人物所吸引：这些人物的思想和精神能够说明一切，因此即便是再冗长的描写也能抵消我的偏见，吸引我的注意力。这就是一种意识，无论她写什么，我都乐意跟随。她也许会使我疲倦，但决不会使我厌倦；她可能使我困惑，但我始终觉得无论多么困难都值得尽力去理解；她不断让我对自己的自满感到汗颜，却让我因此想要更多。总之，她使我充满活力。

我所说的"意识"又是指什么？对于这个棘手的问题，一位犹太哲学大师给出了他的回答。

意识是

抵达"他者"这个目的地的紧迫感

永远不再回归最初的自己，

一种天真，不带丝毫愚蠢，

一种绝对的诚实，同时也是绝对的自我批评，

从我诚实以待的对象眼中，可以看见

那凝视的目光令我产生疑问。

这是一种朝向"他者"的运动，不会再返回

最初的起点，偏离往复，

无法超越——

一场超越焦虑、比死亡更强大的运动。

我们的文化历史根基就在于通过密切关注"他者"（而不是自己）来了解我们是谁、我们是什么。这个"他者"，正如安妮所发现的，可以是那个在旁观察和评判的内在自我。

书向我们展示的"他者"就是书中的作者。在艾丽丝·默多克的小说中，与我始终相伴相随的"他者"促使我以不同的方式反思自己，以至于到最后我不再位于我最初的位置——一种不会回到原点的运动。

在我们日常的、书本以外的生活中，"他者"指的是我所爱之人，这个人的双眼凝视我，而这种凝视会让我产生疑问。

在这一重要的希伯来思想诠释和我们当代认知之间取一个中间点，则是勒内·笛卡尔（René Descartes）的著名论断："我思故我在。"如今，我们知道这是不完整的，因为它忽略了上文那个定义中的关键一点。在阅读了路德维希·维特根斯坦（Ludwig Wittgenstein）的著作，并试图理解这位彻头彻尾的当代"后爱因斯坦"哲学家的观点之后，我对笛卡尔的论断进行了一些补充。

我思故我在。
我在，故我被观察。

当然，这也是一个哲学意义上的回文：我被观察，所以我在。我在，故我思。

为什么小孩子喜欢玩"捂脸躲猫猫"？因为在被看到和不被看到之间不停转换的过程，就是孩子们展示"我存在"这一事实的过程。被看到，就是存在；不被看到，就是不存在。在游戏中，谁能看到你、你能看到谁，都非常重要。这不是你和敌人玩的游戏。

文学则是经过精心构思的严肃版"躲猫猫"。它的基础是故事。所有的文化，无论是否具有文学修养，都累积了一个庞大的故事库。就像每个人，不管是否有文化，也都拥有一个充满故事的记忆库。故事纠缠我们，戏弄我们，读取我们，训诫我们，塑造我们。没有故事，我们什么都不是，我们就不存在。我们就是我们所讲述的故事。在我们现在的文化中，我们作为个体和物种的存在只是因为我们写下了这些故事。只不过今天的我们是被印刷品，而不是口头传播的故事所定义和合理化的。这就是我所知道的事实，是我唯一确定的事实。

因为写作，我指的是文学写作，是我们表达内心深处的最好方式；而读书则是把解读的整个行为托付给了读者的内在自我。于是，相对于其他任何方式，读书能让我们更加贴近另一个人的意识；不仅如此，相对于其他任何方式，读书还能让我们与自己的意识进行更复杂、更积极的接触。这就是为什么当我们阅读一本伟大作品，一本对我们意义重大的书的时候，往往能感受到自己的成长，感受到比从前更了解自己、他人和生活的某些方面。这就是为何，在我们的一生中——尤其是在青春期——一些作品能成为一种顿悟，一种向前的指示，帮助我们了解我们是谁，我们是什么，我们可以成为什么。

这样的说法，当然可以称得上是颇为虔诚的表达方式，无疑是在将严肃的（而非消遣的）读书当成一种精神上的崇拜与企盼。这是作为犹太人的安妮·弗兰克理应了解的。或者，引用乔治·斯坦纳（George Steiner）在《未尽的激情》（*No Passion Spent*）一书中的话：

阅读的准则，关于细致评论与解读的确切理念，我们所知的文本批评，源于对《圣经》的研究，或者更准确地说，源于对古希腊文法、修订及修辞学早先研究的融合与发展。……我们对文本的批评，我们努力从文字领略精神的尝试，直接继承自西方犹太－基督教神学理论文本和释经学。

现在的我们或许已不再信仰某个可辨认的上帝，或许已不再相信任何古老的宗教。但我们无法否认，写作和阅读一直都与"认知"密切相关。recognition（认知），按词根可以拆分为 re-cognition（重新 - 认识），即 re-knowing（重新 - 知道）。因此，我们也可以将 recognition（认知）理解为：经由自我意识，去认识那些我们以为自己不知道，但其实已经知道的事情。

说起来真是神奇：一些抽象的符号——对英语来说就是 26 个字母和一些被称为标点的符号——就能在我们的内心世界制造出如此丰富的变化。通过无止境的组合排列，将这些符号集结成书，就能让我们如此真切地了解自己，获得超越我们自身的力量。这是无法通过其他任何手段获取的力量，是写作与阅读联手的结果，同时也是对我们拥有的自我创造能力的一种颂扬。

安妮·弗兰克那支钢笔的真谛，在于成就了今天的她。曾经的她，那是我们永远无从了解的。但今天的她——是一个永恒的存在，是一种意识。只要其他的人，其他的"他者"还能读到她写的东西，还能全神贯注地化身为她，她就永远生生不息。

第二章

看他处境如此危险，
我不禁打了个冷战

All of a Tremble to See His Danger

《哈克贝利·费恩历险记》（*The Adventures of Huckleberry Finn*）问世至今，已经过去了一百多年。岁月如梭，令人难以置信。毕竟自它以来的许多作品，例如以主人公哈克为灵感而创作的《麦田里的守望者》（*Catcher in the Rye*）给人的感觉似乎更为落伍，早已不复当初的生机与鲜活。而当我再次读起《哈克贝利·费恩历险记》时，我意识到这本书教会了我太多东西，未来也仍将令我受益。它教会我关于青春和那段时光最重要的事；教会我如何讲故事；教会我该怎样读书和不该怎样读书；它还让我懂得，青少年文学具有一种隐喻功能，可以作为一种途径，供我们审视这个时代的社会、道德、政治及精神领域的问题。

在我看来，无论是北美地区所称的"小大人"（young adult），还是英国所说的"青少年"（teenage），为他们而创作的文学并不只是专**为**这个群体而**写**的，也**为**这个群体**代言**。所以，这类文学更适宜的名字应该是"青春文学"（the literature of youth）。我想借此表明，这类文学既体现了年轻人对待青春的态度，也体现了他们对待成人生活的态度。我认为，青春文学并非一种专为特定群体创作、局限于特定群体阅读的文学形式。它也并非一种文学体裁，因为其中包含的作品类型多种多样，像侦探故事，科幻故事，感伤或奇幻的爱情故事，反映当代生活的现实主义故事、诗歌、戏剧，等等。青春文学关注青春期的体验，对青春期的描述通常体现了生活的整体形象和隐喻。由此可见，无论青少年还是成年人都能从中领悟属于自己的人生真谛。

相对于《哈克贝利·费恩历险记》本身，我更愿意就上述话题进行深入探讨，只不过我会以青春少年哈克·费恩的视角来审视这些问题。在这篇关于当代青春文学的文章中，每一部分我都会以哈克说过的一句话作为开始。这些话是如此精辟，跨越一个世纪之久却依然直指问题的要害。

<blockquote>
我高兴得仿佛是重新投了一次胎，
终于弄清楚我是谁了

It was like being born again,
I was so glad to find out who I was
</blockquote>

毫无疑问，青春期是一个努力寻求身份认同的时期。写给青少年看的青春文学也大多以此为题材。哈克说得不错：当你弄清楚自己是谁时，确实就像是重新投了一次胎。这句话提醒我们要关注那些当代青少年文学经常回避，或者至少是经常忽略的问题：认清自己是谁的过程，不仅仅是突破情感、知识、社会乃至政治局限性的过程，也不仅仅是在我们所生活的这个社会努力克服各种挫折的过程。这段经历的本质体现在精神层面，它涉及生活的方方面面，但又超越了生活本身。

当代青春文学作者面临的问题之一，就是要懂得如何处理精神层面的经历。以前，人们习惯性地相信所有人都认同上帝，因此关于精神体验的故事模式并不难找。然而今天的人们对于是否存在神灵都各执一词，更不用说认可某一位真神了。于是，以往的模式显得老套而过时。摆在我们面前的难题就是要找到一种新的手法，以令人信服的方式讲述精神层面的真理。我们之中最优秀的一些青少年文学作家正在努力寻找可用的隐喻手段，例如来自美国的弗吉尼亚·汉密尔顿（Virginia Hamilton）、澳大利亚的帕特里西娅·赖特森（Patricia Wrightson）以及英国的艾伦·加纳（Alan Garner）。

我试图通过《哈克贝利·费恩历险记》了解马克·吐温（Mark Twain）如何在写作中处理精神层面的体验，结果令人惊喜：他采用的几种方法十分契合我们当下的需求。在吐温的年代，也有一套获得普遍认可的叙事模式，但吐温不仅对那些模式嗤之以鼻，还改弦更张，和它们对着干。由此可见，吐温教给所有青春文学创作者的第一个写作技巧就是：看看当前大家都在写些什么，哪些是被大家广泛接纳的东西，然后和它背道而驰，这样一来你的作品就会更接近真实。

吐温具体是怎么做的呢？首先，他让寡妇道格拉斯收养了哈克。这位慈悲为怀的寡妇决心要改造哈克。从她安排哈克每天学习清规戒律就可见一斑。她向哈克保证，如果他学会祈祷，潜心诵读《圣经》，并且让干什么就干什么，那么不仅现在他最想实现的愿望都能实现，而且死后他还能上天堂。哈克试了试，但似乎没有什么用。还好他吃苦吃惯了，对人对事又比较宽容，因此他认为这完全是自己的错，而不是寡妇的错。后来，华森小姐经人引荐来到这个家庭。她是一个动不动就生气、很不讨人喜欢的女人，只关心如何改造哈克的社交礼仪，不断威胁他，说他会下地狱。哈克感觉这样真是糟透了，但凭借自己的聪明才智，日子过得还算坏。最终迫使哈克不得不离开寡妇庇护所并且逃到河上的，是他那生性暴烈的亲生父亲。在河上，哈克与从华森小姐家逃出来的奴隶吉姆成了患难之交。换句话说，吐温在一开始描绘了大多数青少年都熟悉的日常生活，即处于青春期的主人公无法掌控自己的处境，迫使哈克不得不面对真实的自己和当时社会的核心问题。哈克试图逃避成人世界的繁文缛节，无论成年人是出于好心还是恶意，哈克都宁愿选择继续童年那种不用承担责任的生活。但在他逃跑的过程中，命运让他遇到了另一个逃避者。此人正在遭受的压迫堪称当时最为顽固的社会和政治痼疾（毋宁说也是道德痼疾），此人就是黑奴吉姆。

在那之后，哈克的青春故事与吉姆的故事便密不可分了。这种情节安排讲究至极：所有叙事线索，无论是行动、角色、主题还是背景（借用阿诺德 [1] 批评理论所说的网格 [2]），都被纳入了一个连贯且能引发共鸣的整体。马克·吐温想要告诉我们的青春真理就是：为了认清自己是谁，你必须自由地成为想要成为的人。由此可见，青少年最关心的问题就是今后的自由。

罗伯特·科米尔（Robert Cormier）的《巧克力战争》（*The Chocolate War*）采用了同样的技巧并且非常奏效。他将故事设定在一所由僧侣开办的罗马天主教男校。你不难想象，在那种地方强调精神价值绝对是头等大事。这导致恃强凌弱的行为在学校大行其道，激起一名男孩的奋起反抗。《巧克力战争》相

---

[1] 作者注：马修·阿诺德（Matthew Arnold，1822—1888），英国知名作家、文学评论家。他主张要研究文学故事中的动作（情节）、人物、主题以及背景，从而理解作品，把握故事的意义与价值。时至今日，这一主张尽管被视为过时的批评理论，但依然有其用武之地。

[2] 作者注：所谓"网格"（grid），可以理解为一种图表，表示某一主题所包含的内容及这些内容的相互关系。

当于把《汤姆·布朗的求学时代》（*Tom Brown's Schooldays*）倒过来讲：科米尔对耶稣的故事进行再加工，把背景设在一所将耶稣基督视为理想与向导的 20 世纪的学校；树立起一个当代最能体现政治之恶的典型范例——国家组织（或纵容）针对个人的罪恶，个人毫无反抗之力，只能凭借精神力量与之斗争，而这意味着你必须抱有必死的信念。然而，《巧克力战争》又是一个彻头彻尾的青春故事。科米尔的书之所以成功，就是因为它的讲述令人信服，体现了少年杰瑞·雷诺（Jerry Renault）对自身存在状态的努力追寻。

杰瑞认识到，只有获得生存的自由，你才能知道自己想要成为怎样的人。哈克也明白这一点。当他说出搞清楚自己是谁就仿佛重新投了一次胎时，他的话有一种令人内心五味杂陈的讽刺意义。在本书快接近尾声的时候，哈克到处寻找吉姆，而后者正被关在斐尔普斯家的农场里。哈克来到农场，斐尔普斯夫妇跟他打招呼。哈克不知道为什么他们对待自己就像是看见这个家失散多年的孩子。他尽量拖延时间，想知道斐尔普斯夫妇究竟以为他是谁。最后他们终于叫出了他的"名字"，原来他们以为他就是汤姆·索亚。对哈克来说，那无异于一种解脱，仿佛重新投胎。

还有一个例子则贯穿了整个故事：哈克的身份一向都是抚养他的成年人强加给他的。对寡妇道格拉斯来说，他是一个孝顺的养子；对格兰纪福夫妇来说，他是刚刚收养的一名可敬的阿肯色州农民的遗孤；还有一次他甚至假装自己是个女孩。所有这些角色扮演，这些他迫不得已的假扮，在书中最长的一段连续情节之一中，汇聚成一个极富戏剧性的形象：哈克在"国王"和"公爵"开办的骗子剧院里同时担当舞台管理员、跑龙套的以及跟班。他们唯一的目的就是骗取无辜民众的真金白银。一个世纪以前，真金白银通常被称为一个人的"资本"。无论是在我们这个时代还是在马克·吐温的时代，这个词或许还意味着一个人存在的本质。换句话说，就是灵魂。很难想出比这更有心机的隐喻了。

每个青少年都不得不直面一个现实：他们的人生，迄今为止都是成年人"强加"于他们的。摆脱这些束缚是这个阶段的人必须经历的一场斗争。为了获得自由，青少年首先会尝试摒弃孩童时代被赋予的身份。他们往往会攻击社会分配给自己的正统的社会和心理属性，认为这些只不过是另一种强加。他们渴望掌握主动权，一方面看重自己的独特之处，另一方面则按照自己的意愿修改既定的法律和习俗。他们变成了苦闷的精神空想家，坚守着我们所有人都应当坚守的自由理想和行为。而他们坚持做自己的方式，导致他们说起话来就像是一群政治革命家。这就是为什么许多成年人觉得，即便最守规矩的青少年也会让人感到有些叛逆。

然而青春期的行为之所以显得滑稽可笑，就在于他们通常只是说说而已。只有青春期的少男少女才会那般健谈；只有青春期的思想才会那般跳跃而大胆。只有青春期的我们才会如此毫无保留地袒露心扉。也只有在青春期，我们的生活才会如此欠缺行动。然而所有的青少年都在成年人面前装模作样，甚至面对彼此也要装样子，假装事实与此恰恰相反——他们不断寻找自己可以参与的那种了不起的行动，那种可以骄傲地体现他们拥有远见卓识的行动。

在《青春期思想：关于青少年与成年人想象的神话》（*The Adolescent Idea: Myths of Youth and the Adult Imagination*）一书中，美国文学评论家帕特里西娅·迈耶·斯帕克斯（Patricia Meyer Spacks）站在成年人的立场上，追溯了18世纪以来文学作品中存在的这条线索。她论证了作为个体的青少年"遭受着不确定性和无力感的煎熬"。比如塞林格（Salinger）笔下的霍尔顿·考菲尔德和多丽丝·莱辛（Doris Lessing）笔下的玛莎·奎斯特。他们代表了"两种典型的青春期表现：年轻人渴望自我创造的需求，以及通过青春的体验意识到现实与幻想之间问题重重"。

也许我引用哈克这句话的原因是它恰好契合了我的个人经历。另外，这也与我作为一名作家的工作有关。从《休息时间》（*Breaktime*）开始，我的青春小说就在探索"年轻人需要自我创造"的真正含义。我们该如何创造自己？那是一种什么感觉？众所周知，我们关于自己的幻想和我们所面对的现实之间是存在冲突的。但是该如何解决这种冲突呢？我笔下的主人公向我证明，斯帕克斯的话是多么正确：青春期是"一段酝酿模糊潜能的关键时期"，我们在那段时间始终处于一种充满欲望的状态，这种欲望"提供能量，引发冲突，促成行动——都是小说的好素材。还引发了有关价值观的问题"。在我最初的两部作品中，我的探索越深入叙述的表层之下，就越领悟到这样一个事实：一旦你开始涉足人类价值观，其实就是在探索精神层面的问题。因此，我写的这两部小说（暂且不提我通过拜读其他人的作品）迫使我重新审视精神层面的体验和讲述故事时出现的叙事问题，并且在我写第三本书《现在我知道了》（*Now I Know*）的时候干脆直面这些问题。

那好吧，下地狱就下地狱

All right then, I'll go to hell

寻找自我无疑是青春期的一个核心问题。但哈克·费恩身上众多耐人寻味的地方之一就是，他似乎并没有遭遇太大的身份认同危机。他并不曾为了弄明白自己究竟是谁而苦思冥想了好几个小时。这或许是因为，尽管绝大多数青少年都喜欢寻找自我，但却并不曾陷入真正的身份危机。毕竟，若想遭遇身份危机，首先你必须有一个可以让你陷入危机的身份。毫无疑问，中年人才会遭遇身份危机，并不是青少年，对不对？和许多处于危机中的人一样，中年人往往会把自己的问题投射到那些令他们嫉妒或讨厌的人身上，不然就是令他们感到威胁或者想要寻求帮助的人身上，再不然就是他们爱着的、令他们感到安全的人身上。

这就很能说明问题了：一些所谓的"青少年角色"其实是站在成年人的立场上写就的。斯帕克斯向我们揭示了这些小说如何利用青少年来表达成年人，主要是中年人的担忧，而不是青少年自己关心的问题。她在书的最后写道：

年轻人代表着我们深藏内心的脆弱和我们最亲密的力量。他们将我们自己的过去与未来讲给我们听。我们可以把他们想象成手握通行证的违规穿越者，我们自己的代理人，或者救苦救难的先知……青春期的神话，记录在小说中……讲述我们自己、我们的祖先和我们的后代。

在成年人的文学中，我们将青春期作为一种批判视角，透过这个视角审视自己，重新评估我们如今是谁、可能是谁。在一些小说中，青春期只不过是为了证明成年人对世界抱有偏见。我认为安东尼·伯吉斯（Anthony Burgess）的小说《发条橙》（*A Clockwork Orange*）就属于此类。它所呈现的更多是中年男人一手造成的人间地狱，而不是青少年所渴望的世界。幻想与现实在小说中的碰撞，更多体现了伯吉斯及其同龄人的故事，而不是青春期的故事。这个例子很好地说明了成人文学作家是如何利用青春期的角色唤起和转移自己这一代人的罪恶感的。

斯帕克斯尽管在她的书里罗列了 18 世纪至今涉及这一主题的许多文学作品，但却完全没有提到《哈克贝利·费恩历险记》。这也可以理解。或许她认为这是一本专为年轻读者而写的小说，但也可能是她忽略了这部小说。这里我们必须有一个明确的定义，区分什么是成年人为探索青春主题而写的文学作品，什么又是专门代表年轻人而写的文学作品。大多数文学评论家不屑于区分这两类作品。他们更愿意相信其中并无差别，认为给年轻读者写的书只不过是成人小说的缩略版。即使是像 T.S. 艾略特（T. S. Eliot）这样知名的文学批评家，也只愿称《哈克贝利·费恩历险记》为一部杰作。他在为克雷塞特（Cresset）出版社的那一版撰写前言时就曾表示，《哈克贝利·费恩历险记》"不属于青少年小说的范畴"。艾略特难道真的以为，一本书不能既是世界文学佳作，又是青少年小说？有没有可能是因为，就像许多学院派评论家所说的那样，他不理解有一类写作是为了体现某种生活状态，尽管时过境迁，这种状态仍然活在我们的内心，只不过我们已经过了那个年龄，以至于表达这种存在状态既无法被社会接纳，又与成年人的心理不符。

换而言之，我想说，尽管我目前正在享受中年带给我的苦与乐，但我内心深处仍然活跃着我 16 岁时所体会到的那种青春状态。我并不只是单纯地记得那段时光，每每想起就会涌起一股怀旧之情，或者对我现在的性格产生厌恶之感；我指的是，青春时光仍然能够给我启发，仍然活在我的体内，就像我的童年。我为此感到欣慰。的确，我们之所以要发现那些最优秀的儿童文学和青春文学作品，最大的价值之一就是保持和刷新我们的内心状态。这是文学的目的之一，也是我们需要文学的理由之一，无论我们是否以此为职业。儿童和青少年，并不是唯一能够拥有童年和青春的群体。

我认为马克·吐温在写作过程中也参透了这个道理。《汤姆·索亚历险记》（*The Adventures of Tom Sawyer*）是一本成年人回望自己年少时代而写成的书。吐温他很清楚这一点，因此才会这样告诉威廉·豪威尔斯（William Howells）[1]："这**不是**一本关于小男孩的书，只有成年人才会读。它是专为成年人写的。"但是他以为少年不会读这本书是错误的，因为他没有考虑到这样一个事实：许多孩子其实都有能力理解成年人看待孩童的视角，就像成年人通过小说（比如《汤姆·索亚历险记》）再次回顾自己的童年时光那样。但他说对了一点：这的确是一本代表成年人而写的书。从叙述者的口吻不难感到叙述者和主人公之间的年龄差距。我想我在本书第 77 页引用的一段

---

[1] 译者注：威廉·豪威尔斯（1837—1920），美国小说家，文学批评家。威廉·豪威尔斯和马克·吐温是一生的挚友，两人和亨利·詹姆斯（Henry James）共同被视为美国现实主义文学的三位大师。

话 [1] 就能表明这一点。

我凭借自己的作家直觉认为（毕竟我再也拿不出其他证据了），吐温几乎立刻就对他自己写的东西感到不安。从某种意义上说，我尽量用简明扼要的方式来表达我想说的话：吐温背叛了自己的少年时代，在利用它的同时扭曲了它的本来面貌和原本的意义。这或许是出于怀旧心理，或许是出于商业目的。但无论如何，我猜想他的内心一定面临着巨大的情感压力，渴望做出弥补。此外，在创作《汤姆·索亚历险记》期间，吐温并非处于完全愉悦的心境。这个来自密苏里州边陲小镇的男孩，已经适应了新英格兰文化当权派的那一套旧世界习俗，选择与自己的文化根源一刀两断。他所扮演的角色，既不是他天生就会的，也不适合现在的他，由此引发了他的中年身份危机。

正是出于坦诚的本心，促使他又创作出了《哈克贝利·费恩历险记》。他本可以把《汤姆·索亚历险记》抛诸脑后，压抑因为背叛自己而产生的罪恶感。很多写手都精于此道，而且活得很开心，但是真正的作家无法做到心安理得。正如我在《安妮·弗兰克的钢笔》中试图解释的那样，写手写的是读者想要看的书，任何类型都可以——他们要以读者为中心。如果读者想要看怀旧的童年故事，写手就写给他们。但作家不会这样做——他们以文本为中心，他们必须弄清楚自己渴望诉诸笔墨的究竟是什么。同样地，他们的读者也必须全身心地投入已完

---

[1] 译者注：摘引如下——"星期六一早，夏日的清晨处处明媚而清新，充满勃勃生机。人人都在心里哼唱着小曲。若是心儿足够年轻，更是忍不住让歌声从嘴边荡漾开去。每一张脸庞都洋溢着喜悦，每一个行人都步履轻盈。槐花盛开，空气中弥漫着花香……"更多段落，参见本书第77页。

成的作品中，自行找出阅读这本书的正确方法。作家根据自己的真实体验写作，如果故意歪曲事实，他们就会失去职业自尊。

马克·吐温最初是一名写手，为报纸和大众刊物撰写文章。但他发现自己其实是一个作家，他希望用所能想到的最好的小说模式袒露自己所知道的真相。他写《汤姆·索亚历险记》期间正在经历一场人生危机。也正是在那个时候，他最终选定了自己的身份。他的青春期一直延续到成年，直到那一刻他才终于找到足以改变这种存在状态的体验。结果，马克·吐温写出了《哈克贝利·费恩历险记》——被欧内斯特·海明威（Ernest Hemingway）评价为美国当代文学的开山之作。薇拉·凯瑟（Willa Cather）将其列为最有可能经久不衰的三本美国小说之一。艾略特并不是唯一称它为"杰作"的评论家，包括詹姆斯·乔伊斯（James Joyce）在内的许多伟大作家都曾承认自己受其恩惠。

吐温在中年时经历的青春期危机为我们铸就了这个奇迹——它是第一本代表青年的伟大杰作，是青年文学的原型之作，是集写作之大成者，引领了此后的许多作品。莱昂内尔·特里林（Lionel Trilling）[1] 说，它的伟大之处"主要在于体现了说真话的力量"。他也是为数不多承认这部小说拥有另一伟大之处的评论家："它首先是一部成功的少年小说。"它描述了作为青少年的真实状态——并非因为反映成年人生活而显得真实，而是青少年眼中看到的那种真实。它的意义还不止于此。作者在缅怀青春的同时，也将他从那时起获得的人生知识写进

---

[1]　译者注：莱昂内尔·特里林（1905—1975），美国知名文学评论家、作家，哥伦比亚大学教授，被誉为20世纪最伟大的文学评论家之一，擅长挖掘文学作品中蕴含的政治与社会学寓意。

了小说里，并运用精湛的写作技艺将其转化为了青少年可以参悟的道理。

对吐温来说，他的成功之道就在于他将全部的自我投射到了哈克的身上。这个郁郁寡欢的男人正在遭受中年危机。他借哈克之口诉说自己的烦恼。在小说的第一页哈克说道："我再也受不了了，干脆溜之大吉。我穿上自己的破烂衣裳……这才觉得自由了，满足了。"紧接着的一句话却写到，汤姆·索亚把他劝了回去，承诺会让他以另一种方式得到满足。但到了第三章，哈克知道这样行不通："那些都是……汤姆·索亚的谎言。"哈克这样告诉我们，然后他选择溜之大吉。

我说过，我只是简明扼要地把我的意思表达出来。其实小说家或多或少都会有点儿像他们笔下的人物。斯科特·菲茨杰拉德（Scott Fitzgerald）在他的《手札》（*Notebooks*）中说得不错："从来就不存在关于某一位杰出小说家的优秀传记。不可能有。这个人身体里住着很多人。"但无论如何，这与哈克决定下地狱又有什么关系呢？

本书接近尾声时，哈克做出了一个令人不免为他捏一把汗的选择。为了理解其中的意义，以及为什么此处的表述带有讽刺的弦外之音，我们必须回顾一下当时究竟发生了什么。当时，哈克正在为他和吉姆的友谊而苦恼。他刚刚给华森小姐写了一封信，告诉她在哪里可以找到她的奴隶。他这样做是因为他实在想不出别的办法来阻止吉姆被卖给陌生人。他甚至试着双膝跪地，发誓如果上帝肯伸出援手，他今后绝不再为非作歹。可这样做没有用，他甚至说不出祷告的词。他知道这是为什么："我心术不正……我不够光明磊落……我一直是个两面派。"

又是关于背叛的问题。所以他给华森小姐写信只是一种孤注一掷的尝试，试图通过履行社会义务来显示自己无愧于心。但那也不起作用。他回忆起和吉姆经历的一切，深知如果把吉姆交给华森小姐或其他人将是最严重的背叛：背叛他们共有的人性，无论当时的社会通行法律是怎样规定的。他看着那封信，平生第一次意识到："我必须下决心，永绝后患，必须二选一。"

我在前面曾提到过青少年非常渴望参与重大行动。如今当这种渴望变成现实，哈克终于明白了这意味着什么。就在这一刻，这个年轻人意识到，将理想主义的愿望与积极的结果联系起来的力量就掌握在自己手中。这是青春期最严峻的考验，是一场关于选择的考验：你要在各种选择中决定自己要成为什么样的人。但与此同时，你也发现每一种选择背后都意味着可怕的代价。哈克的选择将这一戏剧化的困境表现得淋漓尽致。如果他选择背叛吉姆，他将获得当权派的赞许，但这也意味着最终他将因为自己的软弱而痛苦而自惭形秽，因为从此以后他将不得不对这个世界卑躬屈膝。但如果选择采取行动，按照他的说法就是"把吉姆从奴隶制的禁锢中偷出来"，那么也许会引发地狱般的大灾难。对哈克来说，要么就是被大人囚禁在人间地狱，要么就是像那些大人预言的那样：他死后一定会下地狱。

哈克的问题是，他必须就自己和吉姆的关系做出决断。在他那个时代，所有想要寻求自由的青少年终究要迎头撞上关于自由的难题。一旦到了那个时候，没有任何世俗的法律和习俗派得上用场。一切都取决于你如何看待自己的死亡，死亡对你意味着什么，又预示着什么。你的愿望、你的选择是否值得你为之牺牲？这就是为什么哈克的那些话是如此一语中的，也是为什么到最后这个微不足道的少年和一个微不足道的奴隶沿着密西西比河顺流而下的旅程，是一场具有普遍意义的奥德修斯精神之旅。当我们看着他做出选择的时候，用他自己的话说，就是"看他处境如此危险，我不禁打了个冷战"。

这一段的叙事之优雅、讽刺之辛辣，令人惊叹。吐温特意这样安排故事情节，从头到尾都体现出了对于"自由"的反思。换句话来说——不过这句话并非出自哈克之口：

你自己可来不了这儿，还不是多亏了我吉姆

You wouldn't a ben here 'f it hadn't a ben for Jim

人类的自由总是有着各种各样的前提。我的自由取决于另一个人的自由，每个人都一样。马克·吐温探讨的只是其中部分前提。

吉姆和哈克代表了两个极端。在吉姆身上，我们看到了自由最残酷的一面。吉姆不仅是一个奴隶，还是个正在逃亡的奴隶。这种状态下的自由甚至还比不上一个遵纪守法的俘虏所能享受到的那一丁点儿自由。他不敢在公共场合露面，因为害怕被捕；他不能住在自己家（姑且算是个家吧），也不能和家人在一起。他是一个东躲西藏的奴隶，永远在逃亡。任何偶遇他的人，甚至包括其他奴隶，一时兴起的举动都可能影响他的命运。哈克则是那种最接近自由精神的人，他可以为所欲为，除非受到自身智力水平和狡黠程度的限制。他甚至还有钱——在

上一本书中，哈克和汤姆·索亚的冒险结束后，他把钱存在了萨契尔法官那里。但仍然有一个前提束缚着他，不管他喜欢与否：与生俱来的作为儿子的身份。哈克无法摆脱他的出身，只得接受这个事实。

一开始，哈克扮演寡妇道格拉斯的儿子，但那只是个游戏。他知道只要自己想，便可以随时抛弃这个角色。然后他的亲生父亲出现了，把他要了回去，将他带回了自己破旧不堪的小木屋，还把他锁了起来——这表现了一种真实的情感与心理联结，这次他无法一走了之。

后来哈克从那个令人窒息的小木屋里挖出一条路，逃离了父亲那要命的魔爪。这又是一个具有象征意义的举动。在接下来的一章，他遇到了吉姆，后来两人就一直待在一起。他为什么要这样做？毕竟和吉姆扯上关系从任何方面来说都会限制他的人身自由。原因很简单，哈克把父亲的身份投射到了吉姆身上。此后，他开始学习做一个逃亡者的儿子。莱昂内尔·特里林提出了一个很有吸引力的看法：男孩和奴隶"组成了一个家庭，一个原始社会——而且是一个圣人的社会"。（我们必须谨慎解读这里所说的"原始"，它不是指贬义的"蒙昧的、未开化的"，而是指"最初的、原汁原味的"。）

特里林对于精神意义的判断准确而恰当。比起哈克的生父，吉姆更像是一个好父亲，支撑他，供养他，当他遭遇危险和情感危机时解救他。（各位应该还记得，就是吉姆，把溺水的哈克救了出来，发现了哈克父亲腐烂的尸体，而且为了避免哈克留下心理创伤而不让他看到，甚至直到书的最后一页哈克才知道这件事。）从任何意义上说，吉姆都是哈克的代理父亲。但是保持这种状态的人是哈克，是他要和吉姆待在一起，保护他，帮助他逃跑，就像一个好儿子会做的那样，尽管他知道这样做会威胁到他自己的人身安全。

难怪哈克在经历青春期的终极危机考验时，在他试图说服自己放弃吉姆——从法律的世俗意义上放弃他，同时也从精神意义上放弃他——背叛自己作为儿子的身份时，他告诉我们的只是：

> 回想我们在河上漂流的旅程，我眼前闪现出各种情形下的吉姆，白天的，晚上的，在月光下，在暴雨中，我们坐着木筏顺流而下，一起聊天，一起唱歌，一起大笑。不知为什么，我就是想不到任何能让我狠下心来对待他的理由，全是他的好……他总是对我那么好。

以上不仅是哈克在简单地描述两人在河上的共同生活，更是他以抒情的口吻在表达自己如何在这段关系中所获得了精神上的疗愈。从很多方面来说，如果没有吉姆，哈克早就死了。因为哈克担心的青春期重大问题不止一个，而是两个：自由是第一个；亲情问题，特别是父子危机问题则是第二个。而吉姆恰恰是这两个问题的化身。哈克要想获得精神上的自由，获得让他能够自由成为想要成为的人的自尊，不仅必须帮助吉姆摆脱奴役，还必须消除他对于父亲留给他的某种东西的依赖和偏见——他必须抛弃从残暴而不思悔改的亲生父亲那儿继承下来的残忍天性。吐温安排"公爵"在哈克和吉姆面前排练哈姆雷特（Hamlet）那段"生存还是死亡"的台词，并非随意为之。

确实，套用另一个莎士比亚（William Shakespeare）笔下的形象，哈克就像怪兽卡列班（Caliban）的儿子，拒绝接受他的亲生父亲，而是认普洛斯帕罗（Prospero）为教父，并在教父的带领下融入自己选择的新生活。没有哪个作家能像马克·吐温在《哈克贝利·费恩历险记》中那样，如此微妙、如此复杂地探索青少年在这方面的经历，也很少有作家能取得如此惊人的成功。此外，吐温在施展他的写作魔法时并没有毁掉这个故事，并没有像哈克所说的那样：

完全就是"星期日学校"[1] 的做派

All the marks of a Sunday school

如果把属于青少年读者的文学比作一个家庭，它也有自己的父母和出身。它的母亲谦卑且和善，名叫"简单说教"；它的父亲狡诈而好斗，名叫"廉价商业"。许多孩子继承了父母双方最糟糕的那部分基因，时至今日，它们仍在固守家业，继续用现成的故事告诉读者该思考什么。这类故事值得称颂之处与其说是精湛的制作技巧，不如说是绝妙的营销手段。然而《哈克贝利·费恩历险记》却恰好继承了父母双方最优秀的基因，并且自立门户。马克·吐温拒绝告诉读者该思考**什么**，而是设

---

[1] 译者注：指 18、19 世纪英、美等国为青少年开办的星期日免费学校，主要开展宗教教育和识字教育。

计出一个故事帮助年轻人自行发现应该**如何**思考。哈克是一个成熟的角色，但同时也是读者的代表。他的故事由一系列形象组成，读者则需要陪伴他一起思考。

例如，奴隶制在任何地方都没有被当成问题而受到谴责。相反，小说真实呈现了奴隶制的状态：吉姆被种族和社会因素所奴役；哈克被强加给他的身份所奴役；其他角色，比如华森小姐，则是被循规蹈矩所奴役。

整个故事的情节就是变着法追捕和逃脱，甚至密西西比河也是这种模式的一部分。这条河，正如莱昂内尔·特里林所说，是"一条移动的路"，原本是哈克和吉姆通往自由的路，却将他们困住。两个逃跑的人坐在漂在水上的家中，虽然躲过了可能抓住他们的人类，却成为这条波澜不惊的河流的俘虏。这条河流想带他们去哪儿，就能带他们去哪儿。曾有那么一刻，他们错过了一次机会，只要离开这条河，吉姆就能获得自由。

河流俘获了他们的人，也俘获了他们的心。当哈克乘船顺流而下，欣赏着大自然的美景，和吉姆有说有笑，想着自己脑中正琢磨的事情时，他真正做回了自己——那个他渴望成为的、藏在他内心深处的人。就在这样一个愉快的时刻，他对吉姆说："真棒啊，我哪儿也不想去，就想待在这儿。"吉姆的回答揭示了真相："你自己可来不了这儿，还不是多亏了我吉姆。"

吐温并没有告诉我们这一切意味着什么（那是"星期日学校"的典型做法），而是让我们自己去思考。他为我们提供了足够生动的形象：河流带他们寻找自由，但方式是先将他们俘获；自由自在的白人男孩和他的代理父亲（一个黑奴）在一只漂流的木筏上找到了家；哈克为自己的幸福而扬扬自得；吉姆的一句话暗藏玄机。其潜台词不止一种，而是很多种，其中一些充满反讽意味。

吐温从头到尾都采取了这种方式。正因为如此我才会说，这本书教会了我们该怎样读书，以及不该怎样读书。当这部小说刚刚问世的时候，由于它要求读者自行解读那些不确定的含义，因而遭到了一些"星期日学校"类型读者的猛烈抨击。这一类读者想要别人告诉他们该怎么思考，攻击这本书"道德水准极其低下"，这是马萨诸塞州康科德的一家图书馆委员会的著名论调。他们还说它"通篇都是糟糕的语法和粗野、粗俗、毫无优雅可言的表达"。这不可避免地让我想到有人宣称，《哈克贝利·费恩历险记》充满种族歧视。

甚至就在我写这篇文章的时候，我们的一位著名诗人阿德里安·米歇尔（Adrian Mitchell）[1]，还在《听众》（*The Listener*）[2] 上发表了一封谴责这本书的公开信：

比充满攻击性更糟糕的是，它简直有毒。

想象一下，在课堂上大声朗读这本书时，一个黑人小孩会作何感想——书中用了 200 次"黑鬼"——"每次一读到这个词，其他人就会盯着我看，有些人还会笑。"

---

[1] 译者注：阿德里安·米歇尔（1932—2008），英国皇家文学学会会员，小说家、诗人、剧作家及自由记者。

[2] 译者注：由英国广播公司（BBC）于 1929 年创办，主要刊载当时知识界热议话题的广播节目对话内容，并定期发表新书的书评。乔治·奥威尔（George Orwell）、伯特兰·罗素（Bertrand Russell）、萧伯纳（George Bernard Shaw）和弗吉尼亚·伍尔夫（Virginia Woolf）等文学巨匠都曾为其撰文，也是新人作家、诗人崭露头角的重要平台。

如今《哈克贝利·费恩历险记》被视为一部伟大的小说。马克·吐温也曾是19世纪最坚定的黑人捍卫者之一……但就连他也无法预见"黑鬼"这个词会变成什么样子。如果我们生活在一个各种族和谐相处的社会，这不会是问题。在课上朗读这本书之前，只需要对这个词的历史用法稍作解释，一切都好说。可是我们生活在这样一个种族攻击普遍存在的英格兰……

…………

我相信，如果马克·吐温今天面对的是一群英国或美国的黑人和白人小孩……他还是会大声朗读《哈克贝利·费恩历险记》，只不过他会把"黑鬼"这个词改成"黑人男子""黑人妇女""黑人小孩"……我希望看到一部全新版本，把这些看似微小但意义重大的问题用语全部改掉。

读者面对的难题从来都不容易解决。一百年前来自康科德那家图书馆的反对意见，和今天阿德里安·米歇尔的反对意见都清楚地表明，再见多识广的读者，也会因为看到讽刺和通俗语言（符合普通人的日常用语）混在一起而感到不适。

我首先要说的是，吐温肯定了解"黑鬼"是什么意思。即便在他的年代，那也是一个恶毒的字眼，一向如此。正因为如此他才会毫不掩饰地使用这个词。比如人们经常引用以下莎莉·斐尔普斯和哈克的对话："……有人受伤吗？""没有。不过死了一个黑鬼。""好吧，还算走运，毕竟搞不好真会伤到人。"正如哈克在另一个场合所说过的："人与人之间**竟然可以**这么残酷无情！"不能领悟这段对话中的讽刺意味，就是对这本书的严重误读。我们现在试着按照米歇尔的建议做一些"微小"的改动，意思就清楚了："有人受伤吗？""'没有。不过死了一个黑人。'""好吧，还算走运，毕竟搞不好真会伤到人。"道德层面的冲击力毫无疑问丧失殆尽。改掉一个词，却丢掉了整段文字的灵魂。

对于课堂上什么该教、什么不该教，我们暂且不谈。关于这个问题，我们可以另找时间好好谈一谈。在这里我必须说明一点：作为一个诗人，理应最擅长讽刺，而且正是讽刺成就了《哈克贝利·费恩历险记》这部杰作（这位诗人也承认这一点），但他却希望通过删掉凸显讽刺意味的某个词来削弱这部杰作，这令我感到沮丧。这样做不过是换种方式要求文学告诉我们该思考什么，而不是希望文学促使我们自己思考，也不是希望人们按照自己的想法来理解作品。

吐温非常清楚自己在做什么，但根据我的看法，他在处理吉姆的问题上，至少有一点说明一些人对他的种族主义指控有一定道理。这一点同样显得很讽刺，因为这处缺点恰恰也是本书的可贵之处：语言上的创新。我们必须记住，这本书的整体基调是诙谐的。这种诙谐在于，它是关于普通人的故事，并且有一个乐观的，如果你喜欢也可以称之为"幸福"的大结局；这种诙谐也在于，其中包含各式各样的机智与幽默，从意义深刻的讽刺到大众喜闻乐见的笑话，都有。这种诙谐还在于，它对每一个走进故事的人物、每一种社会群体都进行了戏仿、讽刺和挖苦，吉姆也没能幸免。只是我们不得不承认，作者对待他远比对待包括哈克在内的其他任何人都要温柔。

在语言上，这部喜剧的大部分笑点都来自故事人物的日常对话。欧内斯特·海明威之所以会说"美国所有当代文学都起源于马克·吐温的《哈克贝利·费恩历险记》"，而没人能表示反对，就是因为它确实是第一部将普通人的对话提升到文学水平的美国小说，不仅展现了普罗大众丰富的语言储备，还对这些语言给予了足够的重视，以示尊重。在我看来，这部书最初遭到抨击的原因之一就是它成功了。第一波猛烈的攻击来自新英格兰文学当权派的腹地，这或许并不令人感觉意外。那些地方的作家从旧日英格兰和欧洲大陆汲取灵感，认为平民的对话都是粗鄙的，只有富裕的、受过教育的阶层使用的以拉丁语和希腊语为基础的语言形式才是小说和诗歌应有的风格。

吐温也曾一度臣服于这种霸权。《汤姆·索亚历险记》就是按照那套游戏规则来创作的。我们以它的第二章开篇为例：

星期六一早，夏日的清晨处处明媚而清新，充满勃勃生机。人人都在心里哼唱着小曲。若是心儿足够年轻，更是忍不住让歌声从嘴边荡漾开去。每一张脸庞都洋溢着喜悦，每一个行人都步履轻盈。槐花盛开，空气中弥漫着花香……

…………

汤姆站在人行道上，一手提着桶白色涂料，一手拿着把长柄刷子。他打量着栅栏，喜悦的心情逐渐消散，一股愁云笼上心头。

守旧者就喜欢这一套。《汤姆·索亚历险记》里也有谋杀和偷窃、底层生活、谎言和不敬行为，这些都是在《哈克贝利·

费恩历险记》中遭到指责的内容。但没有人对前者感到不快，因为所有这些都用冠冕堂皇的言辞滤镜过滤掉了。精确无误的语法，熟悉的礼貌用语呈现抑扬顿挫的腔调——"每一张脸庞都洋溢着喜悦""喜悦的心情逐渐消散"——还有叙述者最后一定会以喜闻乐见的方式告诉你的轻松知识：你该作何感想。而且，叙述者想要告诉你的事情，也肯定正合你意。他确实这样写道："如果（汤姆）是一位伟大而睿智的哲学大师，好比本书的作者，他现在就该明白，工作是必须要做的事，而玩耍并非如此。"

而马克·吐温在《哈克贝利·费恩历险记》中对此进行了反抗。在重现自己青春的同时，在为青春期的自己而写作的过程中，他不得不重拾年少时使用的语言。那是当时他周围的人都在使用的语言，是边陲小镇各个阶层的人所使用的语言——他把这些人物写进了这个关于奴隶制的故事，毕竟最悲惨的奴役就是不得不使用非我族类的语言。通过故事的语言，我们定义自己是谁，塑造自己想要的身份。像吉姆这样的奴隶比任何人都更清楚这一点。这就是为什么黑人总在不断创作故事，吟唱歌曲，打造专属于他们的一种英语。这就是我前文所说的"缺点"。纵观全书，吐温都在试图采用和他笔下人物相配的语法、句法、形象和措辞。为此他还特意在"序言"中提前做了预告，解释说自己使用了大量被他称之为"土话"的东西。他担心的是各位读者，尤其是他的邻居们——各位新英格兰文学当权派不理解他的想法，以为"所有人物都试图以相似的方式彼此交谈，只是未能如愿"。换句话说，他担心他的读者无法胜任这样的挑战：他们不知道如何阅读一种混杂着多种语言风格的陌生叙事。他的担心是对的。这么多年以来，某些读者一次又一次证明了这一点。

但这并不是问题的全部。吐温还试图按照发音采用正字法。这才是引发麻烦的根源。如果我们刻意寻找书中哪些角色讲的话是按照发音来拼写的，就会发现萨契尔法官和舍本上校说的话都没有做这样的处理。舍本上校曾狠狠训斥那些企图滥用私刑的暴民是一群胆小鬼。事实上，上层社会所有角色讲的话都是按照传统语法和拼写方式来写的。汤姆 · 索亚也属于此类，除了他也会说 ain't[1]。吐温在记叙哈克所说的话时，采用了更多非传统拼写方式，但并不算大面积使用。至于斐尔普斯一家，不管他们说话时的语法怎么样，体现在拼写上都还是正常的。但他们的朋友和邻居说的话就不是这样的，就是那些来他家吃饭的农夫和农妇。这或许令人感到奇怪，因为毕竟他们来自同一个地方，社会地位也差不多，但区别还是有的。在汤姆 · 索亚营救吉姆的那场闹剧中，斐尔普斯家的邻居们成为被调侃的对象。

通过这样的分类我们就能发现，社会等级越低的角色，就越可能在吐温笔下被塑造成喜剧角色，而这类人所说的话也就越可能根据发音来拼写。[狄更斯（Dickens）也是这么做的。]不幸的是，吐温采用了最为极端的方式来处理吉姆说的话。他决心尽可能精准地将吉姆说的话呈现在书中，试图掌控吉姆说

---

[1]　译者注：am not 的缩写（没有、不是），源于美国下层人士。

话的腔调和方式，但却很难同时兼顾两个目标：一是通过喜剧情节发掘本书的主题和人物角色；二是对普通人的日常语言表现出足够的尊重并使之达到文学水准。

结果就造成部分读者（不管他们是否清楚其中的原因）认为吐温此举是恶意调侃，是在贬低那些社会阶层和教育水平最为低下的人，尤其是吉姆。因此，白人当权派不喜欢他这样写，认为他胆敢将大众语言置于与他们自己的语言平起平坐的地位；吉姆的捍卫者也谴责他（至今还没完没了），认为他似乎暗示黑人英语是一种可笑的、没文化的白人英语的变体。在前一点上马克·吐温是成功的，令人敬佩；但试图根据发音来拼写，以此作为一种体现语言的技巧却是失败的，我们所有人都应当从中汲取教训。

但仍有一些作者不甘心。弗吉尼亚·汉密尔顿就是其中之一。她将一些黑人民间传说改编成故事集《会飞的人》（*The People Could Fly*）。在这本书里，她也希望达到吐温想要的那种效果。以下摘录自书中第一个故事"狮子、熊兄弟和兔兄弟"（He Lion, Bruh Bear, and Bruh Rabbit）的开篇。

就说这狮子每天早上（mornin）[1] 准点起床，伸伸懒腰，四处逛逛，边走还边大声嚷嚷："**我和我自己。我和我自己。**"架势十足。吓得所有小动物不敢出来晒太阳，不敢捕食（huntin），不敢捉鱼（fishin），不敢做它们想做的任何事。

---

[1] 译者注：此处及后面所有括号中引用的都是英语分词形式。正常情况下现在分词的结尾应为"ing"，而不是"in"，但作者去掉了所有的"g"，这也是黑人饶舌歌曲中的常见拼法。

"我们可咋办呀？"小动物们交头接耳。松鼠在树枝间跳来跳去（leapin），只知道害怕。负鼠在那儿装死（playin），任谁也叫不动它。

狮子继续踱着步，挺着（stickin）胸，大声嚷嚷（roarin）：**"我和我自己。我和我自己。"**

作者想要的效果得到了充分体现。这主要是通过对措辞和节奏的谨慎挑选，对源语言语法结构的充分尊重，以及省略了所有现在分词中的"g"（这种做法虽不常见，但在我看来可以接受，就像把"do not"缩写为"don't"，把"can not"缩写为"can't"）来达到的。和其他作者一样，我现在也经常在描写对话时把"do you"省略为"d'you"，因为这样能够更加准确地呈现很多人说话的样子（就像人们总说"won't"），而且在纸上读到"do you"总会让人感觉过于正式。

在英国，像艾伦·加纳、威廉·梅恩（William Mayne）、约翰·戈登（John Gordon）、简·马克（Jan Mark）、格蕾丝·尼科尔斯（Grace Nichols）和约翰·阿加德（John Agard）这样的作家，也都曾有意识地在作品中运用和汉密尔顿类似的手法。他们把各种通俗英语形式带进儿童文学和青春文学。而在过去，口音和方言只能作为呈现语言喜剧效果的非文学用语。马克·吐温之举可谓开创先河，我们应该为他鼓掌叫好。

与此同时，吐温还在另一方面先人一步，而且至今依然如此：他改变了人们对青少年故事题材的认知。汤姆·索亚曾给哈克讲过一个故事，而哈克对此十分鄙视，认为那故事写的完全就是"星期日学校"的做派。哈克·费恩喜欢与此截然不同的故事。吐温在同一本书里将两类故事混在一起，打造出新的故事，用哈克的话来说，就是：

那是一场伟大而神秘的冒险，

刚好对上他的口味

It was a grand adventure and mysterious,

so it hit him where he lived

《哈克贝利·费恩历险记》在一开始就揭示了两本书的关联：作者告诉我们，这本书与《汤姆·索亚历险记》有关。在前四章中，汤姆·索亚试图给他的强盗团伙再策划一次和上本书类似的冒险。"咱们打算干点儿什么营生？"贝恩·罗杰问道。"没别的，"汤姆回答，"杀人劫财。"（值得注意的是，这个笑话和哈克之前用来回复斐尔普斯太太的话如出一辙。通过小说开头这段充满孩子气的幼稚的交流，作者在为接下来的辛辣讽刺进行铺垫。）

哈克的经历可以参考汤姆的书。而汤姆所有的冒险则都在参考别人的书。当同伙提出的做事方式汤姆不喜欢时，他会说不能这样做，"因为书上不是这样写的……你难道以为写书的人心里没谱吗？"。每当我想起一件事就会感到好笑：《哈克贝利·费恩历险记》快要写完的时候，正好赶上罗伯特·路易斯·史蒂文森（Robert Louis Stevenson）出版自己的《金银岛》（*Treasure Island*）——这个故事正好就是汤姆·索亚所谓的营生，但却不适合哈克。汤姆所认为的现实，其实是基于他对永远不会遇到的人物的幻想，那些人做的事是他永远都不可能做的，那些人遵循的生活法则非黑即白。而哈克对这一套极为不屑，他认为汤姆·索亚的谎言完全就是"星期日学校"的做派。于是他离开了汤姆，开始了自己的营生。哈克的现实基于发生在他身边的日常事件；事实上，他的故事深深根植于现实生活，是他那个时代的真实写照，以至于很多人将这部小说奉为一份宝贵的历史文献。它将生活的真相娓娓道来，同时又呈现出一场宏伟而盛大的冒险。

在哈克记叙自己故事的这本两百多页的书的最后，他经历了最痛苦的青春抉择，陷入了与吉姆的关系危机，并就"生存还是死亡"做出了选择。那一刻，哈克的青春故事结束了，他的成年故事就此展开。就在这个时间点，汤姆·索亚再次现身，紧跟着是一篇很长的终章，汤姆上演了一场奇幻冒险，只不过这次的伪装中有一点是真实的：一个真人，一个黑奴。

这个结尾屡屡受到批评。海明威称其敷衍，我却不能苟同。这样的结尾对于整本书的架构和风格至关重要。之所以这样结束，原因不止一个。我的一个重要论点就是，吐温是要用汤姆·索亚出现在开篇和结尾的情节来为哈克的故事设定一个框架。小说前几章的设定是传统的、充满动作感的英雄幻想故事。吐温这是"以其人之道，还治其人之身"，直至最后幻想演变成了一场闹剧。这就是本书最后汤姆·索亚情节的重要之处。在用两百页的篇幅呈现了哈克的真实生活后，汤姆·索亚仍在玩"过家家"的游戏，显得如此滑稽，甚至令人反感。通过吐温的改造，这种老掉牙的套路变得更加发人深省，让人耳目一新。

马克·吐温正是通过让汤姆·索亚这类肤浅的读者再次参与这样的游戏，从而给他们一次机会，希望他们能够成长为对现实有更深刻感知的读者。毕竟青春的模样要通过自己的双眼去描绘，做到对自己坦诚以待；而对于成年人的审视，则要兼具批判性和同情心——这种品质在大多数青少年小说中依然匮乏。吐温先是为他那个时代的年轻人创作出一个符合传统的故事，汤姆·索亚式的故事，而后又在哈克的故事中告诉读者：首先，这一切都是谎言；其次，一个故事既能在讲述中融入真实的生活，又能成为一场令年轻读者大受震撼的华丽冒险。吐温之所以成功，关键在于他讲述故事的方式：他把"第二自我"，那个隐含作家，与书的主人公兼叙述者——哈克·费恩相结合；再有就是他对叙事形式的精准把控。在这两方面，吐温都极具创新精神。

《哈克贝利·费恩历险记》放心地将真相告知青少年。这本书并没有回避生活的现实，而是承认，事实上应该说勇于揭示"有时人们确实会受到伤害"，以及更多"足以让一个人为全人类感到羞耻"的真相。但与此同时，这个故事也不羞于谈及生活中那些充满爱的、细腻的、温柔的和美丽的片段。其中蕴含丰富的讽刺和各式各样的幽默，令整个故事始终保持着一种理智客观的乐天派基调。换句话说，这本书绝对没有装腔作势，或者故意贬损生活。诚然，这本书没有涉及性，如今想来或许是重大缺失。然而，就像作者对于吉姆说话的处理方式存在问题那样，这与当时的历史状况脱不了干系。就像我们之所以无休止地关注性的内容，也与我们自己这个时代的历史有关。或许百年之后的人也会认为如今的我们不成体统。

任何时代都不乏蠢行，任何作品都存在缺陷。但是吐温小说中的缺点和优点一样令我们受益匪浅。不过我必须补充一点，据我所知，任何想要达到马克 · 吐温所设定的标准的人最后一定会情不自禁地说出和哈克 · 费恩一样的话："要是早知道写一本书这么劳心费神，当初我根本就不会动笔。"

第三章

故事里的学校：
塔尔博特·贝恩斯·里德

Schools in Stories: TALBOT BAINES REED

文学作为一个整体或许可以被视为……一个思想实验室，多亏有阅读作为媒介，我们才可能将研究成果运用于自身。

保罗·利科（Paul Ricoeur）

出版一篇故事或一部小说的行为属于一种传播行为，是一种试图让别人接受自己的个性与信仰的行为。

多丽丝·莱辛

你之所以写作是为了改变世界。你深知自己很可能做不到，却也知道文学对这个世界不可或缺。毕竟这个世界会随着你看待它的方式而发生变化。但凡你能改变某人或一群人看待现实的方式，哪怕只是一丝一毫的改变，也相当于你改变了世界。

詹姆斯·鲍德温（James Baldwin）

1949 年举办的展览"从道德教育到比阿特丽克斯·波特：儿童图书展"（*From Morality & Instruction to Beatrix Potter: An Exhibition of Books for Children*），展出内容均选自"埃德加·奥斯本系列丛书"（Edgar Osborne's collection）。这套丛书于 1979 年再版发行，取名为《给朋友的信物》（*A Token for Friends*），其中有一章的标题是"校园故事"（The School Story），下列 11 本书，并冠以下面这段说明：

那种旧式校园故事如今爱好者寥寥。尽管如此，儿童校园故事其实仍然存在创作空间，前提是作者必须对当代教育和社会发展趋势有足够清醒的认识。

其中介绍的第一本书是 M. 佩勒姆（M. Pelham）的《第一次上学》（*First Going to School*），又名《汤姆·布朗和姐妹们的故事》（*The Story of Tom Brown and His Sisters*），出版于1809年。第五本书是托马斯·休斯（Thomas Hughes）的《汤姆·布朗的求学时代》，首次出版于1857年。

第七本书出版于1891年，是塔尔博特·贝恩斯·里德的《费斯加斯的公鸡学院》（*The Cock - house at Fellsgarth*）。最后一本出版于1899年，是鲁德亚德·吉卜林（Rudyard Kipling）的《斯托凯和他的伙伴》（*Stalky & Co.*）。

尽管《汤姆·布朗的求学时代》排在第五位，但这本书被公认为描写寄宿学校（英国人更愿意称之为"公学"）故事的鼻祖。它的作者托马斯·休斯出生于1822年。考虑到佩勒姆所写的故事还有另外一个题目，我们不难猜测休斯小时候或许读过《第一次上学》。后来他在给笔下那位著名的主人公起名的时候，恰好想起了汤姆·布朗这个名字。至少我们可以肯定，塔尔博特·贝恩斯·里德确实读过休斯的这本书［他在《希尔学院的宿舍主管》（*The Master of the Shell*）一书中曾提及此事］，因此他在创作自己的故事时就想到了这一点。我们还知道，吉卜林正是出于对里德的小说及其大量模仿者的愤怒，才会写出《斯托凯和他的伙伴》。从佩勒姆到休斯，再到里德，然后到吉卜林，通过这一连串的发展，我们得以见证"校园故事"作为一种文学类型的诞生和日渐成熟，得以见证如今常被称为"青少年小说"的青春故事的萌发。借由这些故事对读者的影响，我们还发现阅读小说足以塑造人们的生活，这方面的重要意义我稍后再谈。

在继续刚才的话题之前，我还想回顾一件关于我个人的往事。那是在 1949 年，当"道德与教育"（*Morality & Instruction*）书展在英格兰南部港市伊斯特本（Eastbourne）的汤纳艺术馆（Towner Art Gallery）展出时，住在伊斯特本以北 300 英里以外小镇上的我正好 14 岁。那年我第一次读到《汤姆·布朗的求学时代》《费斯加斯的公鸡学院》和《斯托凯和他的伙伴》。一年后，我又读了 D.H. 劳伦斯（D. H. Lawrence）的《儿子与情人》（*Sons and Lovers*）。这是一个完全不同以往的青春故事，一个远比休斯、里德和吉卜林所描绘的生活更贴近我个人生活的故事。于是我决定，以后我要做一名小说家。事实上我确实曾是一名小说家。此后又过了 15 年，我终于发现鉴于我从事的教师职业，我应该成为一名青春小说作家。尽管我不写校园故事，但我确实认为自己与休斯、里德一脉相承，并为此感到自豪。

　　所以各位请看，我不是什么学者，也不是什么学术研究家，更不是什么训练有素的历史学家。我是一个小说家，我将思想依托于笔下的人物、情节、遣词造句以及故事形式。这就是为什么在接受玛格丽特·马洛尼（Margaret Maloney）的邀请发表演讲，以纪念海伦·E. 斯塔布斯（Helen E. Stubbs）这样一位学识渊博的图书馆学者时，我会踌躇再三。因为我深知这份邀约承载的荣誉，而且之前几位嘉宾的发言称得上"珠玉在前"。直到我突然意识到，几天之后便是里德逝世一百周年的日子，于是我还是决定接受玛格丽特委以我的重任。毕竟里德的一些被低估的作品显得如此过时，他的某些观点遭到了极其严肃的否定，以至于我深深怀疑是否还会有人纪念他。但我认为，里德至少值得我们致敬，因为他在儿童读物发展史上的地位还是比较重要的。他塑造的角色具有吸引力，代表了青少年文学的众多主题。如果你是文学领域的从业者、创作者或学生，那么他的作品应该能帮你拨开迷雾。如果各位认可"奥斯本和莉莉安·H. 史密斯系列"（Osborne and Lillian H. Smith Collections）的价值，那么应该会对里德书中所反映的童书发展史感兴趣。

为了与这位创作旧式故事的旧式作者相匹配，我也想回到属于他的那个时代，以旧式的开场白对他进行一番介绍。

塔尔博特·贝恩斯·里德，1852 年 4 月 3 日出生于伦敦哈克尼区，在家里五个男孩中排行老三，1893 年 11 月 28 日去世，年仅 41 岁。他的父亲，查尔斯·里德（Charles Reed）爵士也是家里五个男孩中的老三，曾担任国会议员，是范恩街一家铸字工厂的老板和经理，还是一位热忱的异见派公理会信徒，积极支持应当由教会而不是国家管理教育事业。

里德上的是伦敦金融城学校。这是一所声名显赫的学校，但并非寄宿学校，主要为迅速壮大的伦敦中产阶级精英家庭男孩提供教育。他在学校表现优异，后来每每回想起在校时光他都饱含深情，并且将这种情感写进了自己的校园故事。他从小就长相英俊，聪颖好学，精通拉丁语、希腊语、法语和德语，擅长音乐和运动，品行端正，谦逊虔诚，善于交际。他十几岁的时候曾在爱尔兰北部海岸冒着巨浪救出溺水的表弟，并因此获得"英国溺水者营救会"（Royal Humane Society）颁发的奖章。年轻时，他曾经两次在傍晚出发，步行一整夜，穿过 50 英里的路程，从伦敦的家中走到剑桥的圣约翰学院，只是为了和本科在读的表弟享用早餐，然后拜访朋友，观看板球比赛，直到午夜还在表弟房间里和青年学生谈天论地。如各位所知，他就是自己笔下那些英雄的标准模板。

里德没有去上大学，而是在 17 岁时加入家族企业，最终继承父亲的衣钵，成为铸字工厂的总经理。自此他常年从事这份全职工作，直至英年早逝。据当地商业报刊记载，他一直是"公司的实践楷模"，一位以"礼貌谦逊和商业手腕"著称的人。出于专业兴趣，他开始系统性研究铸字排版，并据此写出了至今仍堪称标杆著作的《古英语字母铸造术史》（*A History of the Old English Letter Foundries*）。这本配有插图、装帧考究的 400 页学术著作于 1887 年首次出版。1952 年，时任大英博物馆印刷图书部副管理员的阿尔弗雷德·福布斯·约翰逊（Alfred Forbes Johnson）对其进行了认真审慎的修订，直到 1974 年才再版。也许正是因为里德在撰写本书期间遭遇到一些调研上的难题，才促使他在生命的最后几年积极推动建立英国书目学会（Bibliographical Society）。他是该学会的名誉秘书，并且原本计划在他亲自组织的第一个系列讲座中做第四场讲座，主题是探讨"印刷术与目录学的关系"（The Relation of Typography to Bibliography）。然而这场讲座永远无法兑现了。1893 年 1 月，里德一病不起。据他唯一的传记作者斯坦利·莫里森（Stanley Morison）透露，原因是"某种会拖垮身体的疾病"，此外没有更多解释。11 月，里德在伦敦海格特的汉普斯特德巷（Hampstead Lane, Highgate）的家中去世。

以上这段介绍所缺失的，恰恰是在座各位最感兴趣的另一种生活，而这种生活本身就足以令大多数人感到志得意满了。

那就是，里德不仅是一位拥有全职工作的商人，一位潜心研究目录学和铸字排版历史的学者，一位积极的教会成员，一位顾家的好男人，还是一位多产的作者。在里德成年之后的大部分时间里，他都在《利兹信使报》（*Leeds Mercury*）担任长期评论员，这份报纸属于他的外祖父。

此外，由于他通过家人与创办《男生画报》（*The Boy's Own Paper*）的伦敦圣教书会（Religious Tract Society）保持联系，因此他在 26 岁时又成为写男校故事的作者。此后的 14 年时间里，他创作了大量小说，包括 13 部长篇小说，一部短篇小说集，以及不可计数、从未以书的形式出版过的故事、随笔和文章。

里德在《希尔学院的宿舍主管》这本书里曾写过一个学生，原型很可能是他自己：

> 中学五年级的威克属于那种不肯安分、活泼好动的人。他的双手绝不可能闲下来，总能设法完成五六个普通人加起来那么多的工作。他是惨遭奚落的一群人中的一员。很多人轻蔑地称他们为"抢劫犯"。换句话说，他刻苦读书，不像院里大部分人那样消磨时光，参加那种毫无意义的消遣活动。不过，他倒是非常优秀的板球手和跑步高手。

我们很难想象里德是如何做好这每一件事的，特别是当我们意识到他那个时代连打字机都没有，更不用说文字处理设备、传真机或者汽车了，在他生命的最后时期电话才刚刚出现，但或许这就是问题的关键。斯坦利·莫里森认为，里德最终病倒就是因为 19 世纪 90 年代令很多管理者感到身心俱疲的新压力，这是商业发展步伐加快所导致的。除了铁路系统、廉价且快速的邮递服务和电报系统等方面的变化，电话的出现也是助推因素之一。正如莫里森所说：

中产阶级男性开始怀疑他们把自己逼上了绝路。医生诊断出一种新奇的病——"过劳症"。……里德在《利兹信使报》上发表的文章也反映了维多利亚时代晚期的这种状况。他不止一次提到了中产阶级（他的术语）所承受的"高压"。

但那是他生命最后阶段的事了。在现代商业的巨大负荷把他压垮之前，他又是如何做到这么多的？莫里森的总结很到位：

答案有三个方面。首先，里德从不会特立独行。他意识到铸字工作是"单调乏味的苦差事"，但对于他所信仰的这门艺术，乏味的工作也是"分内之责"。……其次，里德非同一般的多产从一篇名为"余暇时间"（Odd Moments）的文章中可以找到答案。他在这篇文章里讽刺了我们所轻蔑的那种只从早上九点工作到晚上七点的人，称其"把每天剩下的时间完全浪费掉"。他无法容忍这种游手好闲之人，认为至少应该在午餐时间读读报纸，回到家后拿出工具箱、显微镜做点什么或拿出书来读。"但是，"作者继续写道，"余暇时间充其量也只是空闲的时刻；如果以为把七零八落的余暇时间加在一起就能等同于大段连续时间，那就大错特错了。善于利用宝贵的工作时间要重要得多。所有正经工作或多或少都会涉及思维活动；但是头脑再敏捷，也不可能像那种手摇风琴一样，就算停止演奏一个小时以上，拿起来还能在同样的地点、同样的时间节点继续演奏。每一种业余爱好都不能越界，否则就会和我们毕生从事的工作抢夺时间。工作尽管辛苦，但只要用心，也可能变成纯粹的享受。业余工作的品质极少能与专职工作的水准相提并论。

　　如今看来，我想我们应该说里德所拥有的是高度自信和坚持不懈的品质。他还是一位个人德行与社会美德的忠实信徒，只是现在这两点在一些人看来早已过时。1891 年 1 月 27 日，他在巴恩斯利印刷协会（Barnsley Typographical Association）的一次演讲中结合自己掌握的技艺谈到了这些美德。听众中大多数人都是印刷工。他的评述透露了很多关于他本人的情况，以及他对待工作的态度。出于这个原因，我希望引用其中部分内容。此外还有另一个原因。

　　最近，我受邀给文学专业的本科生讲课，发现他们不仅不清楚自己为什么要学习文学，而且不知道文学作为一门学科，其研究方法和各种批评理论从何而来。换句话说，他们对文学的历史一无所知。当然，缅怀过去是老人家的事，因此我倒不介意来讲一讲。但或许要了解这些历史还有更多原因。过去 30 年来，我们可能逐渐失去了对历史重要性的认识，不知道我们一路是如何走来的。当然，这种改变恰好受到所谓"后现代主义"畸变的鼓励，因为后现代主义暗含着对于传统的厌弃，看重那些短暂的、直接的、短期的东西，注重与实体对立的意象，并因此认为任何涉及持久性或关联性的概念都不重要。我认为，情况正逐渐好转，只是好转的方式摇摆不定，甚至有些不堪。例如用简单粗暴的右翼术语来呈现这种好转。里德面对巴恩斯利印刷工人所做的发言恰好印证了上述情况。如果你读到他在一百多年前说的那些话，再把"印刷"和"印刷术"换成"童书"和"童书写作"，你就会发现其中一些内容值得我们再次重申：

请允许我冒昧地在今晚讲座的一开始提醒大家：印刷首先是一门艺术，而以此为业的人必须是一位艺术家。艺术家与普通人不同。他必须热爱自己从事的艺术，更重要的是必须热爱这门艺术所追求的美。他必须将自己的一部分融入到作品当中——是的，就算只是一张传单或者一个报纸专栏。

你们在这里学到的技术知识，更重要的是你们在这里互相传授的知识，将有助于你们成为越来越出色的工人，而且我相信这些知识一定会推动你们事业的发展。但不应仅此而已，这些知识还应当推动这个行业本身的发展，应该做些什么来提高印刷质量，提高整个行业标准；应该鼓励你们对那些粗制滥造、欠缺格调、丑陋不堪的东西感到不快并蔑视它们。我们总是抱怨竞争损害了贸易，但伤害性最大的竞争，其实是艺术和它所包含的工艺之间的竞争。其中必须有一个说了算。艺术如果不能成为工艺的主人，就必然被工艺所奴役。

尽你所能，充分利用现代化的器具、机器和方法。但要像艺术家那样利用它们：不仅是为了你自己工作方便，更要为你所从事的艺术增光添彩。如你们所知，这门艺术不是昨天才创造出来的。它有着悠久的传统和显赫的声望。我建议你们好好研究过去，这就好比是一台出色的打印机不可或缺的零件。请读一读印刷史，翻阅一下关于以前印刷行业的书，了解既往者的成功与失败。试着去触碰他们的精神，理解他们的方法。对于保留至今的精华，要善加利用；对于长期存在的痼疾，同样要特别当心。到那时，你们也许会比之前更加清晰地看清，你们今天所继承的这门艺术究竟是什么，以及对于终将从你们手上接过这门艺术的后来者，你们又该承担怎样的责任。

如果说我今晚的演讲目的是提醒各位关注对印刷术的历史研究，那是因为我相信，我们需要时常提醒自己，在过去的学校里，我们至少可以学到一些对未来学校最有期待的知识。

《男生画报》的创办

就像今天有人痛斥视频录像对年轻人行为的不良影响一样，在维多利亚时代中期，法官、地方执法官、学校教师和牧师纷纷指出，青少年犯罪是受到"有害的"充满凶杀打斗等刺激性情节的垃圾出版物的影响。但那是当时的男孩子唯一看得懂、价格又十分低廉的读物。他们主张需要给男孩提供另一种选择，一种道德导向积极、内容轻松有趣的读物。由于似乎没有商业出版商愿意配合，于是伦敦圣教书会在 1878 年下决心自己出版一份能够满足宗教和社会迫切需求的刊物，并认为这是上帝赋予他们的神圣使命。

里德家族与这个组织关系颇为密切。塔尔博特的祖父安德鲁·里德博士（Dr Andrew Reed）在宗教上属于持不同意见者，是一位公理会牧师、知名赞美诗作者，还代表罹患精神病和绝症的患者开展一些工作。当时还是孩子的他参加了 1799 年伦敦圣教书会的成立大会，后来还为组织写过传单。塔尔博特的哥哥查尔斯（Charles）当时是负责创办这本全新男生期刊的编委会成员。编委会认为期刊必须在设计、排版、插图、纸张选择和印刷等方面尽可能现代化。"它的编辑们",期刊介绍中这样写道,"非常了解男生的世界,一门心思、乐此不疲地想要实现它。在他们看来,真正的宗教其实是渗透到生活、工作和玩耍各个角落的一种精神;正是抱着这样的信念,绝非出自任何教化目的,他们将这种论调赋予了这个期刊。"

其实,这并非是第一次有人尝试这样做。早在 1855 年,塞缪尔 · 比顿(Samuel Beeton)就曾出于同样的想法推出过一份名为《男孩杂志》(*Boy's Own Magazine*)的刊物,随后又陆续出现了更多刊物与其竞争。但可以推测的是,应该没有任何一本足以满足那些忧国忧民人士的要求。他们想要的是一份足以对抗那些"毒刊物"的报刊,于是伦敦圣教书会决定采取行动。也许这与 20 世纪 30 年代英国企鹅出版社(Penguin Books)的创办渊源颇为类似。其实并非现在有些人认为的那样,"企鹅"的书不是当时唯一的平价袖珍书系列,但确实可以说是生逢其时。与伦敦圣教书会编委会一样,企鹅出版社也决定采用最好的现代化设计、排版和印刷手段。同样与伦敦圣教书会编委会的成员一样,企鹅出版社创办者艾伦 · 莱恩(Allen Lane)也坚信品质就是收益。

当伦敦圣教书会决定推出自创杂志时,比顿的杂志已停刊 5 年。那时,"杂志"一词基本已同月刊绑定。伦敦圣教书会总结前人的失败经验认为:大多数男孩想要那种一周一期的刊物,而且要足够大,放得下令人印象深刻的大幅插图;但又不能太大,不便抓握。他们也知道,这份刊物必须价格便宜。于是他们将比顿的杂志名称稍作修改,将自创的杂志命名为《男生画报》，选择了 21cm×30cm 的开本，封面为橙色，定价与那些糟糕的刊物一样，每期卖 1 美分。如果你愿意，也可以每月收一次合订本。每周的刊物都会打包好，并配以彩色卷首插画。每年还有"圣诞礼品书"，将全年每一期杂志用布面包装并装订，印上华丽的金色装饰和平版印刷的彩色卷首插画。这番设计在商业上的精明显而易见。乔治 · 安德鲁 · 哈奇森（George Andrew Hutchison）被任命为编辑，直到他 1913 年去世。不过，哈奇森最初两版杂志设计稿都没能让编委会满意，于是伦敦圣教书会的文学主管詹姆斯 · 麦考利博士（Dr James Macauley）也被叫来担任编辑。

《男生画报》的第一期在 1879 年 1 月 18 日星期六发行。期刊开篇的第一个故事名叫"我的第一场足球比赛"（My First Football Match），作者署名是"一个老男孩"。其实这个"老男孩"就是 26 岁的塔尔博特 · 贝恩斯 · 里德。编委会并不想冒险采用一个毫无经验的作者的文章。这不是里德第一次尝试创作男孩故事。三年前，他在一本名叫《人生初启》（*Morning of Life*）的杂志上发表了一篇题为"露营"（Camping Out）的文章。这本杂志是爱丁堡的托马斯 · 内尔森（Thomas Nelson）为年轻人创办的。文中记叙了一次泰晤士河划船之旅。后来他重复利用了这次短途旅行，作为一个极富戏剧性的桥段写进了他最著名的小说《圣多米尼克的中学五年级》（*The Fifth Form at St. Dominic's*），出现在这本小说的第 18 章"假日冒险"中。除此之外，他多年来还为家族杂志《厄尔斯米德纪事报》（*The Earlsmead Chronicle*）撰稿并担任编辑。这是一本手工制作的期刊，他会从里德家族内部以及住在伦敦、利兹和北爱尔兰等地的众多亲戚那里收集信息，并在大家中间传阅。莫里森曾看过从 1877 年 5 月到 1879 年 12 月的数期，证明在《男生画报》创办之后，塔尔博特仍在忙于编写家族杂志。以上这些都支持莫里森的说法。里德自小就是一个热心的业余作者，他肯定曾和哥哥一起就那本新杂志进行过初步的讨论。而且，根据他的长处和经验，他一定是编辑助理的理想人选。当然，从《男生画报》第 1 期到 14 年后里德去世，他都是杂志最主要的撰稿人之一，并迅速建立起庞大的读者群体，成为当时最受年轻人喜爱的作者之一，甚至在他去世多年以后仍是如此。1949 年我在本地公共图书馆发现他的书时就是这种感受。

《男生画报》甫一问世便大获成功，于是伦敦圣教书会趁热打铁推出姊妹杂志《女生画报》（*The Girl's Own Paper*）。后者发行后不久，各路商业出版商便有样学样地发行起自己的报刊，希望也能打造同样的奇迹。在他们当中，《男孩世界》（*The Boys' World*）在外观上几乎彻头彻尾地复制了《男生画报》，只不过编辑出来的内容一如既往地低俗、垃圾。《男孩世界》的编辑还写道："我相信应该给你们提供各式各样的轻松内容来读。"为了避免道德卫士指责自己卑鄙无耻，这位编辑又补充说，"不过，与此同时，我也会羞于写出任何'只值一分钱的垃圾玩意'，或者任何小孩子无法坦诚地向母亲或姐妹展示的东西"。[这种一本正经的说辞让我不禁想起 1960 年审判《查泰莱夫人的情人》（*Lady Chatterley's Lover*）涉嫌"淫秽书籍传播法"一案时令人啼笑皆非的场面。当时，控方律师问陪审团，他们是否愿意让自己的妻子或者仆人阅读《查泰莱夫人的情人》。有人问这位可敬的律师，他会如何判断一本书是否淫秽。他回答说："我读书的时候总把两只脚翘在桌面上。如果我有生理反应，我就起诉这本书。"我不知道这段是否是杜撰的，但我很想知道《男孩世界》的编辑是否也是采用类似的方法，来决定哪些东西可以、哪些东西不可以坦诚地展示给男孩的母亲看。毕竟，他想要的是这些男孩掏钱，但绝大多数男孩，毫无疑问还有他们的妈妈和姐妹，早就对这些充满感官刺激的垃圾内容见怪不怪了。]

《男生画报》的第二个劲敌是《国旗飘扬：英国男孩传奇故事》（*The Union Jack: Tales for British Boys*）。两家期刊都从《男生画报》挖走了一些优秀的作者。其中最知名的一位就是 G.A. 亨蒂（G. A. Henty）。1880 年，他成为《国旗飘扬：英国男孩传奇故事》的编辑。自然，《男生画报》的编辑竭尽全力地游说读者远离竞争对手，以保持自己的领先地位。他们的目标是"凭借真正的优点让《男生画报》遥遥领先于其他任何竞争者"。"但是，"他们强调，"我们依然担心任何男孩都没有足够的定力，懂得刊物之间也有着云泥之别。有些刊物充斥着荒诞不经的故事，主张写这种故事的人既没有涉足、也几乎不了解他们夸夸其谈的领域；而像我们这样的期刊，作者和画家在公众中的美誉度极高，堪称各自研究领域的公认权威。"

这种策略十分奏效。仅仅创办 4 年之后，《男生画报》就实现了 25 万份的发行量，并打败了所有竞争对手，二战结束后还继续发行了很多年，直到社会和文化变革将其终结：这是一个非凡的记录，证明伦敦圣教书会编委会的判断无比正确。在那个时代，数百万男孩定期阅读这份期刊，并在往后余生对它始终抱有深深的感情。它的影响力不容小觑，正如创办者所期望的那样。由此也引出了我们今天讨论的主题——由塔尔博特·贝恩斯·里德开创的校园故事模式，以及这些故事为何被我称为灵魂的塑造者。也就是说，我们是时候见一见那位"博士"了。

拉格比公学的博士

他既是一个真实存在的人，也是一个虚构的角色。真实的原型人物是曾担任圣职的托马斯·阿诺德博士（Reverend Doctor Thomas Arnold）。他从 1828 年 8 月起担任拉格比公学的校长，直到 1842 年 6 月 12 日去世，他 47 岁生日的前一天。阿诺德深受学生们的喜爱，在英国人中享有盛名。甚至在我上世纪四五十年代上学的时候，他还被公认为理想校长的典范。但我怀疑，若不是他被塑造成圣徒一样的形象出现在可以确定为最早的一本男孩校园故事中，他的名字或许不会如此广为流传，更不会一直持续至今。这本书的作者托马斯·休斯在阿诺德当校长时是拉格比的学生，对阿诺德满怀敬意。他的小说《汤姆·布朗的求学时代》以极具说服力的笔法回忆了这位博士，以至于后来几乎所有描写男孩寄宿学校的故事中，校长的角色都被称为"博士"，成为那位真正意义上的博士的变体或翻转。

但《汤姆·布朗的求学时代》的作用远不止于此。休斯对拉格比公学、在校学生的行为以及博士本人进行了虚构而浪漫的刻画，特意凸显了故事中某些激动人心的戏剧性时刻和部分学校生活（比如运动、欺凌、叛逆的冒险等），而对戏剧色彩稍弱的情节则一笔带过（学术研究、更安静的文化活动）——他一方面对阿诺德的观点进行诠释，但另一方面却有所歪曲——对于阿诺德所认为的一所好学校应该什么样、应该如何管理，休斯进行了自己的解读。他的解读，绝非阿诺德本人说过的话、做过的事或写过的东西，却从 1857 年《汤姆·布朗的求学时代》首次出版时起，逐渐让大众形成了对阿诺德这个人及其教育理念的认知。这又是一个小说塑造人们对现实看法的鲜活案例。从这一点来看，小说给很多受其影响的人的生活带来了灾难性后果。我们稍后还会展开探讨这个问题。

让我们来看看阿诺德——在我看来他是个伟大而充满魅力的人——真实的样子，以及他为拉格比公学都做了什么。这样我们才能更恰当地评价小说里重新塑造的他。阿诺德来拉格比并非毫无准备。他曾有 8 年都供职于泰晤士河畔莱尔汉姆的一所小规模学校的经历，并在那里逐渐形成了一套自己的教育理念。学校紧邻米德尔塞克斯郡的斯泰恩斯，距离现在的伦敦希思罗机场不远。在那期间，他的妻子玛丽生下了九个孩子中的七个。老二马修（Matthew）想象力超群，有些任性，长得黑发碧眼、嘴唇丰满。他后来成了一名诗人、评论家、政府任命的学校督学，甚至比他的父亲在教育领域更有影响力。和父亲一样，马修的理念也曾一度被人误读。如果有人谈论阅读伟大的文学作品能够提升道德水准、意义重大或者在教育中的地位等内容，那就是在谈论马修。值得欣慰的是，有迹象表明：常年遭受忽视的马修正在逐步获得他应有的声誉和关注度。[1]

梅里尔·特雷弗（Meriol Trevor）在她写的传记《阿诺德家族》（*The Arnolds*）中简明扼要地描述了托马斯·阿诺德在拉格比公学期间施行的改革。在他到来之前，这所学校和当时许多所谓的公学一样，原本是为穷人开设的免费学校，但早已

---

[1]　作者注：可参见《马修·阿诺德的一生》（*A Life of Matthew Arnold*），尼古拉斯·默里（Nicholas Murray）著，霍德与斯托顿出版社（Hodder & Stoughton），1996；《被禁锢的天赋：马修·阿诺德的诗意人生》（*A Gift Imprisoned: The Poetic Life of Matthew Arnold*），伊恩·汉密尔顿（Ian Hamilton）著，布卢姆斯伯里出版公司（Bloomsbury），1998。

失去了公立性质，不属于寄宿学校，更不是免费的，而是变成了专门面向富家子弟的私立学校。英国人那时候（现在仍是）被分成了三六九等。截至 1860 年，位于第一梯队的几所学校被称为"克拉伦登七大公学"，包括伊顿公学、温彻斯特公学、威斯敏斯特公学、哈罗公学、拉格比公学、切特豪斯公学和什鲁斯伯里中学。后来又有两所走读学校加入其中，即圣保罗学校和麦钱特泰勒斯学校。次于它们的是第二梯队学校，比如国王坎特伯雷学校、圣彼得中学（约克），以及 E.M. 福斯特（E. M. Forster）的母校汤布里奇公学。再往后就是不太知名的学校了。你上哪所学校比你的在校表现重要得多。就读于伊顿公学但成绩不佳，也好过成绩优异却就读于排名较低的学校。如此一来，英国的社会等级制度得到了进一步的强化和巩固。（里德就读的新式走读学校——伦敦金融城学校，很可能会被那些顶级公学带着心不甘、情不愿的风度定性为：为异见人士和新贵中产阶级开办的学校，但不可否认它很成功，无论是在学术层面还是社会层面。）

阿诺德来到拉格比公学时，该校在校生有 100 名。前任校长伍尔博士（Dr Wooll）独断专横，但似乎允许学生在业余时间做自己想做的任何事，只要不被抓住就行。梅里尔·特雷弗的记叙显示，"他曾开除犯下强奸行为的男生，但却没有采取任何措施保护学生不受彼此伤害……有些中学六年级的学生（16 到 19 岁）每年花在买酒上的钱高达 100 英镑（在当时可是一笔巨款）——但也只是偶尔有人因为喝得烂醉而被开除。农民们抱怨自家遭遇偷猎和盗窃，但学校什么也不做，没有人教育那些男孩应当尊重其他人的权利"。

特雷弗继续写道：

　　那时候，人们纷纷声讨公学的弊端：陈旧的教学方式、缺乏道德指导以及由此产生的自由放任主义恶果。于是，负责任的父母宁愿让孩子在家接受教育，或者选择一些规模较小的学校，就像阿诺德在莱尔汉姆上过的那种学校……拉格比公学的校董希望改变这种状况，从而增加就读人数。起初，他们对阿诺德的做法多少有些惊讶，特别是他频繁开除学生的举动。

　　但这是阿诺德经过深思熟虑而推出的政策。他拒绝让两种类型的男孩留在学校，并为此想出两种将他们开除出校的方式。对于顽固不化的恶劣分子，那种留在学校只会带坏其他人的学生，他会公开地予以驱逐，让其颜面扫地。但是对于那些不长脑子只长身体的学生，如果没有犯什么严重的错误，他只会悄悄地"将其淘汰"，并附信一封给男孩父母，解释他认为把孩子继续留在学校并没有用，但建议可以通过一些办法让孩子继续接受教育。阿诺德甚至会在假日邀请那些被"淘汰"的男孩来家里做客。由此可见，他完全没有看不起他们。《汤姆·布朗的求学时代》作者的哥哥乔治·休斯（George Hughes）就是其中之一。

　　阿诺德的方法虽然极端，却很奏效。他的第一项工作就是说服校董提高学费标准，他用这笔钱给助教涨工资。到1829年时，他终于可以要求助教放弃在当地担任的牧师副职工作，专心从事教学。他对所有教职人员都一视同仁，并当即开始实行员工周会制度，这绝对是一个创新之举。从最初开始，阿诺德就把学校视为一个集体，这是他成功的秘诀。

乍一看，这些改变似乎只是针对学校纪律涣散的情况给予行之有效的约束，但其作用可远不止如此。通过提高学费，阿诺德确保了两件事：家长不仅会更加关心孩子的在校行为，而且在送哪个儿子上学的问题上也会再三考虑，他们肯定更愿意送那些能从学校教育中获益最多的男孩去上学。而阿诺德之所以争取让教师从事全职工作，是为了提高学校的教学水平。换句话说，他希望学校关注学习，看重学业成绩。这就是为何他会悄悄淘汰掉特雷弗所说的"不长脑子"的男孩，他们无法像他所希望的那样为学校的声誉增光添彩。

事实上，他的行为背后是一种对精英教育的信仰。所谓精英群体是指受过高等教育的人，严于律己，同属这个特殊阶层的人彼此忠诚，既能意识到自己的优越性，又能意识到自身地位所赋予的社会责任。就其本质而言，这就是柏拉图所谓的"守护者、征战者和生产者等级体系"中理想的守护者形象。阿诺德如此安排学校的组织架构，正好体现了这种哲学理念，并通过日常在校生活渗透到学生的思想与灵魂深处。特雷弗向我们讲述了阿诺德是如何做的：

阿诺德让每名中六年级的学生轮流担任"裁判员"（现在通常被称为"纪律学长"）。在让他们承担责任的同时也会给他们一定的特权，后来还每周邀请四个学生共进晚餐。这些学生一年之前还是一群花大价钱买醉的小年轻，阿诺德却把他们当成具有责任感的年轻绅士，而其中绝大多数人都没有辜负阿诺德的信任。毫无疑问，后来的学生也是如此。再也没人去当地的小酒馆了。

不出所料，镇上的男生寄宿机构又开始人满为患。阿诺德着手建立住宿制度，请求牧师安斯蒂（Anstey）把男孩们带到他自己的新家去住。1831年，安斯蒂退休，阿诺德接任了这个职位，并免除了每年60镑的住宿费。但是校董们不仅希望继续支付这笔费用，还坚持要他收下——于是他用这笔钱修葺了校图书馆。起初他并不经常布道，但后来几乎每个星期天下午都会布道：他会在当天就一些主题撰写讲话稿，发表15到20分钟的简短讲话。……他的声音有些尖锐刺耳，也不擅雄辩；但他说的都是肺腑之言，而且饱含深情。男孩们对此印象深刻，他的话具有强大的影响力。

同年，也就是1831年，为了和那些高年级生以外的更多学生进行交流，阿诺德索性在书房外面搭建了一个楼梯，还竖起一根旗杆，只要他在家并且有空接待任何想要来拜访的男孩，他就会升起一面小旗子。起初，他不得不邀请学生前来，但那些去过的人回来都说新校长不像他看上去那么严厉。于是任何人只要想去，就会随时登门。

…………

在过去日子过得比较艰难的时候，经常是五个甚至更多男孩挤在一张床上睡觉。如果想要单独睡，父亲就要额外花钱。阿诺德坚持所有男孩都要有单独的床，而且不收取任何费用。任何人，就连老师和他自己都必须先敲门才能进入学生的书房。他的原则是信任孩子，而大多数情况下学生们也没有辜负他的信任。

…………

至于惩罚，他不喜欢什么事都用鞭打解决的老规矩。他针对大多数违规行为制定了相应的惩罚措施，并明确规定哪些错误要接受鞭笞的惩罚（由裁判官执行），通常是打三下，最多打六下。早在1829年的时候他就曾告诉一位朋友，最近半年以来他一共只打过七次学生。

…………

尽管在他那份著名的教育目标清单中，阿诺德把宗教和道德准则排在首位，把培养绅士行为排在第二位，学识能力只排在第三位，然而在实际操作中，他对学校在培养知识方面的改革并不比其他方面的改革少。几代人以来，公学一直教授拉丁语和希腊语，极少涉及历史或现代文学，后来也逐步增加了一些数学。阿诺德则以鲜活的方式教授经典，用古代史阐释现代政治；增加了数学的内容，引入法语课。他认为法语非常重要，还因此把现代史也纳入了课程。阿诺德对历史很感兴趣。……他有一句格言："不看地图就别读历史。"于是，地理学自然也被引进了课堂。1835年，他成功请来一位法国人教授法语，还增加了德语课，因为当时的主要学者都是用德语写作的。

由此可见，对于一所19世纪30年代的学校而言，他们的课程完全实现了现代化。但阿诺德并不指望学生门门功课都很优秀，他设立了许多奖项，甚至还为努力的学生设立了安慰奖。所有奖金都是他自掏腰包。如果有人获得了大学奖学金，他会给这个人放半天假。于是学校逐渐形成了尊重知识的氛围。

令人惊叹的是，100多年后，我在1948年至1953年就读的公立文法学校依然实行这样的措施。我们的校长被称为"博士"（我应该补充一点，他确实是一位博士，所以这个头衔并非名不副实），纪律学长则是一群从中六年级选出来的十七八岁的精英，负责管理学校的日常运作。他们甚至成立了获得校方承认的法庭，审判那些一再犯下严重错误的男生，最严重的惩罚就是向校长提出开除学籍的建议。我当纪律学长的那一年曾开过一次庭，那场面很难看。以前纪律学长是可以体罚学生的，直到我来学校的几年前才被叫停。如果有学生考上牛津大学或剑桥大学，学校会给他们放半天假。拉丁语仍被认为是一门必不可少的课程。法语和德语则属于第二语言。英语课的核心内容是深入研究传统名著。教师都必须按要求穿着学士袍，学生要称呼老师为"先生"。

以上介绍缺少两方面，却恰恰是公学最引发大众无限想象力的两方面：一是包括竞技体育、游戏活动和运动技能在内的官方活动；二是由"学长制度"维系着的非正式的亚文化，包括亲密的友谊、暗恋、不能见光的性行为、玩笑（一些粗俗的恶作剧）、胆大妄为的冒险、你推我搡（友好的争吵）、严重的暴力斗争，以及从讥笑到折磨的各种程度的欺凌。

你只需大致浏览《汤姆·布朗的求学时代》各章的标题，就能看出这个受欢迎的人物形象从何而来。第一部分包含九章，前三章是关于汤姆在家的情况，直到第四章汤姆才进入拉格比，开始叙述他在那里的经历。关于学校生活的第一章题为"橄榄球与足球"。第六章题为"比赛后"，详细描述了全校老生通过公开捉弄的形式见证新生参加传统入校仪式，还描述了英勇的队长"老布鲁克"号召男孩们为学院和学校的事业奋斗——"英国最好的学校中的最好的学院！"第八章"独立战争"介绍了臭名昭著的恶霸福莱西曼，其中有一出著名的情节：福莱西曼把新来的男生的屁股放在火上烤，简直是糟透了，以至于汤姆"脸色惨白，头几乎要垂到胸前"。第一部分以"事故频发的一章"结束：汤姆偷鱼，被看守抓住，因为犯错而遭到校长的鞭笞。但这并没有阻止他那个学期在同一件事情上一错再错，也没有阻止他和朋友伊斯特不顾危险地爬上学校大钟旁边的一堵墙。他们非常喜欢这个高高在上的隐居地，"所有课余时间都待在那儿"。最后他们还把自己的名字写在那口大钟的分针上，扰乱了时钟的运行，并导致恶劣行径曝光。为了惩罚他们，校长亲自给他们上了一课，还要求他们背诵30行荷马史诗。尽管如此，转天他们又做了明知不可为而为之的事——去当地一个集市闲逛，结果又被发现了，再次挨了校长的一顿鞭笞。校长警告他们说，如果假期回来之后他们还不知悔改，就会被开除。

第七章题为"逐渐适应"。学校举办的一场越野赛跑对汤姆的勇气提出了严峻考验，从一开始就暗示了这个关于男孩的校园故事将向何处发展。这一次，我们看到校长亲自出马，做了一次简短但却非常鼓舞人心的布道。休斯用大段笔墨剖析这段话为何能"如此牢牢抓住这三百个男孩的心"。以下是其中的核心段落：

这不是某人从波澜不惊的高处俯视那些苦苦挣扎、鲁莽犯错的人们，以冰冷而清晰的声音提出忠告和警示，而是一个为我们而战、和我们站在一边，呼吁我们帮助他、帮助我们自己、帮助我们彼此的人，发出的温暖而充满生气的声音。就这样，一点点潜移默化，循序渐进，少年逐渐适应了这里，也第一次明白了这种生活的意义：这里不是他偶然闯入的属于傻瓜或懒惰者的天堂，而是一个战场，这里没有看客，即便是年龄最小的人也要选择立场，这是生死攸关的大事。是那个人唤醒了男孩们的这种意识，并通过在讲坛上说的每一句话，以及每天的一言一行告诉男孩们这场战斗应该如何进行；站在面前的那个人，既是他们的战友，也是队伍的长官，是一支童子军的真正统帅，他从不迟疑、毫不含糊地下达命令，不管有谁投降、有谁停战，他都要战斗到底（每个少年都有这样的感觉），直到用完最后一口气，流尽最后一滴血。

令我当即大受震撼的是那些军事词汇的比喻：战友、长官、命令、童子军、战斗、战场、投降、停战、最后一口气和最后一滴血。我意识到休斯的意图是想让我们在读到这些文字时就好像是在诵读基督教的精神要义，好比流行的赞美歌所唱，"尽你的力量打场漂亮的仗"，"基督的战士振作起来，把你的盔甲穿在身上"，但还有两点让我感觉困惑。

首先，如果这段话的本意就是忠实刻画那位真正的校长（我对此毫不怀疑），那么在我看来，这并非阿诺德说话的方式。在我读过的他的文章中，他更倾向于用"最后的晚餐"中的圣餐场面来作比喻，比如众人进餐的形象，或者圣餐这类活动所鼓励的那种以上帝为中心的社会美德。他在《关于教会的点滴》（*Fragment on the Church*）中写道："基督徒通过他们的社交宴会，实现最高境界的精神交流；圣餐活动教导他们，对待一切生活的事务，即便是毫不相干的人，也必须保持在精神交流上的同步；他们要在一切事务上努力去做，彼此配合。"阿诺德所做的一切都表明，他是和平缔造者而不是战争煽动者，是建设者而不是破坏者，是坚定隐忍的父亲形象，而不是嗜血的陆军统帅。书中所运用的军事语言及其所反映的精神状态并不属于阿诺德，而是休斯赋予笔下那个虚构的阿诺德的。

第二件让我感到困惑的事是，对于这一连串充满身体对抗与戏剧性的事件，比如激烈的竞技比赛、残忍的校园欺凌，还有"轻率任性"的违规行为，如果主人公在入学后的第一个学期因为这些事遭到过校长的鞭笞，而且还不止一次，那么很难想象鞭笞他的校长就是说出这番布道内容之人。因为我们很难相信这样的精神境界能够净化这群世俗顽童，只能认为世俗的欲望会令精神腐化。这种布道所代表的意象和故事中的戏剧效果，都违背了作者的本意，即他的小说应该能够完善道德、升华精神。

顺便说一下，汤姆挨过好几顿鞭子这个细节耐人寻味。因为这是另一个线索，说明休斯虚构出来的拉格比公学的情况与阿诺德真正的教育原则和取得的成就相比可谓是差之千里。根据梅里尔·特雷弗的记录，阿诺德非常不喜欢鞭笞学生。到了1829 年，他在半年之内就把这种惩罚的次数减少到了七次。然而休斯笔下的校长却在一个学期里"多次"让汤姆吃鞭子，更不用说他是如何鞭笞其他顽劣之徒的了。

休斯在这本书第六版的序言中也承认，像许多为儿童和青少年写作的人一样，他"写作的唯一目的是向男孩们布道……并且会以最有可能被他们听进去的方式"。他希望，就算他写的是轻松有趣的内容，想要传达的信息仍然能被认真对待。但一般情况下，当一个不算一流的作者试图这样做时，娱乐性通常会取代教育性，达不到讲道理的人最初的目的。伊莎贝尔·

奎格利（Isabel Quigly）在她的《汤姆·布朗的继承人》（*The Heirs of Tom Brown*）一书中总结了休斯小说的影响。这本书据我所知是关于男孩校园故事的最为出色的研究成果：

休斯想要表达的简单意思传达到位了，并未涉及阿诺德对精神世界的关注，也没有涉及他的谨小慎微和独创思想。甚至就连阿诺德政治激进主义的一面，也被休斯令人愉悦、发自肺腑的民主精神所消弭。根据这种精神，旧时乡绅阶级即将与乡村工人阶级联合起来，对抗新兴工业化城市居民，无论是无产阶级还是中产阶级。休斯所传递的信息在很多方面都出现了偏差。他热爱体育运动，相信它是一种积极的理想，能够传授勇气与合作，是一种鼓励对某个地方、某支球队、某所学校甚至整个国家表现忠诚的途径。他没有预见到的是，体育上的成就离不开悉心的组织和坚定的领导、实践及专业精神。于是它不再仅仅是一种享受，而是成为公学实施暴政的手段：意味着更加紧凑的日程安排，挤占在校生每一点空闲时间，放弃一切与此无关的兴趣。在公学的全盛时期，尤其是在那些"最硬核"、最主流的学校里，学生几乎没有时间培养兴趣爱好、文化特长，甚至无法广泛阅读，当然也没有人给他们足够的鼓励。

如果休斯读到上面的话，恐怕他的棺材板都要压不住了。如果阿诺德读到，一定会痛苦地死上一百回。阿诺德是一个博学的人，一个思想家，一个杰出的老师，一个清醒的作者，真情流露，是一个真正成熟的人（如此罕见）。他虔诚但又理性，全心投入，休斯远不及他。这又是一个伟人死后不幸被一个逊色于他的人曲解的例子，而他对此无能为力，不如他的人提供的信息倒成了公认的正统。（同样的不幸也落在了他的儿子马修身上，毁于当代批评理论家之手。）奎格利引用奥斯卡·勃朗宁（Oscar Browning）的话写道：

现代公学最显著的一个特点就是将体育运动纳入课程体系，赋予其不亚于甚至还超过学业的重要性。对此阿诺德是完全不赞成的。他会认为这种做法降低了努力的标准，令脑力劳动流于庸俗，用自我陶醉取代自我否定，把那些男孩放在发号施令、影响别人的位置上，而他们恰恰是最不适合承担这两项责任的群体。

然而如今这个"显著特点"已然从英国公学渗透到了全世界，并成为一种标准。体育至上、强健体魄被提升为一种新的宗教，成为给民众喂食的新型鸦片，就连政治圈也被感染。（当然还有政治家；想想最近这些年几任美国总统令人尴尬的形象吧：打扮得像时髦的运动员，在华盛顿的街道上气喘吁吁地跑步，摇摇晃晃却要勉强支撑，就是为了彰显硬汉的形象、强健的体格以及竞争力。然而他们之中没有任何人能写出哪怕一句体现优雅或智慧的句子，一张口就能看出其思想浮夸、言语不合时宜、知识储备薄弱。这又是一个形象与所要传达的信息之间不匹配的实例。）

塔尔博特·贝恩斯·里德就好很多了，无论是做人还是作为一个作者。事实上，他令我印象深刻，非常接近于阿诺德所期望的那种受过良好教育的英国人的理想形象。但作为就读于走读学校的男孩，他不必忍受寄宿学校严酷的生活。正是因为缺少这方面的体验，他才可能在小说中把寄宿学校的生活浪漫化。同时，他真诚地相信竞技体育能够塑造人的品格，因此才会把竞技体育作为小说的中心主题。结果，他进一步强化了休斯对阿诺德教育原则的错误解读（我估计应该完全违背他的本意），但我们必须接受这个结果。

里德与学校

斯坦利·莫里森告诉我们，到了里德生活的时代——

中产阶级，尤其是制造业和（伦敦）金融城的从业者们，有钱、有头脑、以自己为傲。他们的自尊心不允许他们送儿子去上普通小学，无论是公立的还是民办的，因为那些是给小商贩和下层阶级开办的学校。于是，一批面向富裕商人家庭的新学校建立了起来。1847年拉德利学院成立，1862年克利夫顿学院和马尔文学院成立。这些学校和以前的学校一样，以官方认可的教派为主导，尽管相当多的中产阶级父母属于异见派。1867年颁布的一项"良心条款"允许非教会成员家庭的男孩进入这类学校……

维多利亚时代的中产阶级父母普遍都很较真儿，而且完全不会为此感到羞耻。"事事都要更好"是他们性格中的一个重要特点。这也难怪越是严肃的父母，就越希望孩子能够阅读一些寓教于乐的读物；最重要的是，书或者报刊的撰稿人要是受过良好教育的人，他们的写作对象同样也是希望接受良好教育的男孩子。

这些新学校所做的就是从各种外在可见标志到形式与惯例，千方百计模仿以前"克拉伦登七大公学"的那一套，好让潜在客户感到新学校和那些公学一样美好、一样吸引人。学校采用学院制，最多有 70 名男孩同住一个屋檐下，年龄各有不同（阿诺德在的时候最小的学生 10 岁，最大的 19 岁，后来改成了最小的 13 岁）。一位舍监教师负责管理这群男孩，但日常运行则由高年级生，也就是纪律学长负责。他们可以随意使唤当值新生，英文中对此有个专门的说法叫"fagging"，即把低年级的男生当作免费仆人，一切让其代劳，从给学长做早餐、刷鞋，到跑腿递话、在学长散步的时候当跟班，等等。换句话说，这是一种形式的奴役。使唤新生的行为制造出的各种情绪，包括恐惧、自危、得意，还有老生之间、被奴役者之间、被奴役者和奴役者之间围绕这种行为产生的口角和争斗，成了所有公学校园故事的一大特色。无论怎么说，这些事情本身就是日常生活的真实写照。这里就出现了一个很好笑但也很讽刺的问题：为什么管这种行为叫"fagging"现在已无从得知，但肯定和美式英语里这个词所代表的意思原本毫无关联。在美语里，这个词的意思是"基佬"。然而搞笑的是，所有人都知道"fagging"在英国学校里就是一个幌子，暗指老生和新生之间违背伦理的性关系或者老生对新生的性虐待。阿诺德之所以坚持让每个男孩睡自己的床，其实更多的是顾虑这些男孩的行为，而不是考虑到让他们舒适。

学院制也是为了鼓励竞争而刻意建立的。由于每个人都牵涉其中，而且具备学术竞争所欠缺的戏剧化场面（毕竟学习是在封闭的房间里，坐着不动，只能绞尽脑汁地思考），因此学院之间的竞争主要通过竞技体育来体现。为院队效力，不够资格入选院队也可以在场边加油，这成为日常在校生活的一项中心任务，牵扯到大量的时间和精力。这里面也存在等级之分。院队之上还有校队，对于忠诚和努力的要求更甚于前者。为学校出战——更好的是成为队长——意味着攀上少年时代的成功巅峰。别忘了在《汤姆·布朗的求学时代》里，汤姆进入新学校的第一章标题就是"橄榄球与足球"。在校园故事的一开始，就通过虚构对其进行美化，凸显比赛的重要性与荣耀，强调必须为胜利而战，证明自己是个英雄。在所有校园文学作品中，没人能比率领学校最厉害的队伍出战并取得胜利的英雄更加伟大。

住在局促狭窄的房间里，是奖是罚全凭老生做主；在同龄人和老师的激励下疯狂锻炼，参与竞技体育活动；被要求遵守一长串的仪程、惯例和礼仪，除了向传统致敬之外再无任何意义；没有隐私；食物是如此难吃，以至于必须依靠家里寄来的补给，或者从学校小食店购买，再或者趁机跑到当地镇子上买；每天必须参加教堂礼拜；这种体制几乎没有留给人一点儿自由时间：这就是 19 世纪 70 年代一个公学男生的日常生活。就是在那个时候，《男生画报》创刊了。它是新兴中产阶级父母想让孩子读的那种期刊。里德开始为它撰稿。

居然会有人喜欢这样的生活，我十分吃惊。但显然很多人的确是喜欢的，或者至少说，当他们后来满怀深情地怀念那段时光时，他们是这么说的。但有一点我丝毫不感到惊讶：寄宿学校的男生很喜欢读那些以寄宿学校为背景创作的小说。因为大家都喜欢透过小说里充满戏剧性的镜子窥探自己的生活：这就是关于认同的文学。通常来说，只有当人们在小说里第一次发现自己、发现同类，发现有人按着自己的方式生活并说着和自己一样的语言时，他们才会成为小说的忠实读者。特别是青春期少年，他们喜欢阅读有认同感的故事，也过着这样的生活。

人们同样喜欢阅读那些描述令人羡慕的生活的故事。因此，关于公学的校园故事不仅寄宿学校的男生想看，更多家庭条件不那么富裕的"普通"孩子也想看。后者在 1870 年以后根据法律规定进入了一些新建的公办学校，或者由教会管理的社区学校。换句话说，我认为通过描写公学的小说，公学的作风被广泛传播到全社会。至少在新建的公办走读学校里，老师和管理人员会尽其所能地照搬公学那一套。小说里描绘的那些学费高昂、名为"公"实为"私"的寄宿制学校的一切，真正免费的公办走读学校都想照单全收。

例如，20 世纪 40 至 60 年代期间，我当学生或者教师时就读或工作过的所有公办中学都实行学院制，尽管它们都是走读学校，根本没有学生宿舍。所有学校对竞技运动、球队和队长的关注远远超过对学业成就的关注。各种奖杯和牌匾陈列在显眼的位置。所有学校都有级长制度，并有与之相伴的特权、职责和权力（以及对这三者的经常性滥用），只是不再有使唤新生的行为存在。绝大多数学校都设立了某种形式的小卖部，出售深受青少年喜爱的垃圾食品。通过全套活动营造仪式感，比如"演讲日""创始人日"等等，届时会颁发奖项，邀请某位大人物发表演讲，而且一般会在演讲的结尾风趣地提议校长放半天假，作为对学校大获成功的奖励。在大多数学校里，教师会穿着学士服。而在少数不用穿学士服的学校里，校长必须穿着学士服参加每天的学校集会（根据法律规定），通常是先唱赞美诗、祈祷、诵读基督教《圣经》，然后校长或访客讲话，再宣读一些学校通知。在举行宗教活动期间，允许犹太人、罗马天主教徒以及其他所有父母坚定信仰基督教以外宗教的学生暂时退场，完成各自的宗教仪式后再回来参加普通活动。这种公开展现差异性的仪式不能说毫无意义，毕竟这是为了鼓励服从与团结的活动。我们所有人都属于这里，只是其中一些人的归属感会更加强烈。

在英国和前英国殖民地国家，殖民者把英国公学的作风代入当地教育体系中，时至今日也依然如此。例如我曾在澳大利亚参观过许多这样的学校。我们这里所谈论的并非是已经彻底终结的历史。

以上所有这些都是为了说明，当竞争对手的杂志出现，《男生画报》的编辑们都在努力思考如何保持领先地位时，他们想出来的对策就是出版一个以虚构的公学为背景的系列故事，而里德就是他们选中来写这本书的人。他的那些单篇作品，比如"我的第一场足球比赛"和"帕克赫斯特划船冒险"（A Boating Adventure at Parkhurst）等冒险故事，以及对那些"我们熟悉的男孩"的刻画，比如"告密者""生气包""从不犯错的男孩"等等，为他赢得了一批忠实读者，并为撰写长篇连载小说做好了准备，其中就包含畅销作品的必备情节和典型角色。

然而，他的第一部以这种形式发表的小品文构思却并不算完整。《一只"三几尼金币"怀表的冒险》（The Adventures of *a Three Guinea Watch*）讲述了一只怀表从中学到大学、又从英国到印度的历险。这只表在印度作为一名女王部队军官的物品，经历了勒克瑙的战乱。从家园、学校、亲切的旧日英格兰，来到了大英帝国建立和管理的军队，这只表的最后一任主人将整个故事向孩子们娓娓道来，回顾了父辈的生活与事迹。里德为杂志撰写的第一篇文章就对"赢得足球比赛"大加赞扬，而他第一次撰写的连载小说，也称颂了一名在国家开疆辟土的过程中建功立业的英雄。最优秀的人，最优秀的球队，最优秀的学校，最优秀的国家，当然会赢。这才是正道，这才是生活该有的样子。

我完全想不通里德为何要设计怀表这个物品，并且完整记录下主人公的整个人生故事。也许他当时还未彻底领悟，仅仅以校园作为叙事背景就能有很大的发挥余地。但是根据莫里森的说法，他的编辑十分清楚自己想要什么：

……一位有能力将个人塑造成英雄的作者；能将个人置于某种社会背景之下并让其直面风险，让读者见识到此人像一个真正的基督徒那样行事，对待同胞时充满男子气概，勇气十足，且思虑周全。如果想要确立作者与读者的关系，最容易想到的构思就是在一个被称为"公学"的背景下，塑造属于年轻人的集体性格。

我们目睹了一种新体裁的诞生。《汤姆·布朗的求学时代》仿佛神来之笔，横空出世，此前从无先例。当时的确如此，就像查尔斯·金斯利（Charles Kingsley）对他的出版商丹尼尔·麦克米伦（Daniel Macmillan）所说的那样：这本书"独一无二"〔但有些人可能会认为托马斯·戴（Thomas Day）的《桑福德和默顿的故事》（*Sandford & Merton*）比它更早，这本书从 1783 年开始写，1789 年完成〕。但休斯认为他写的故事应该是一本自传体小说，不算是彻头彻尾的虚构。他之所以要写，是因为他的儿子即将进入拉格比，他正在考虑对于如此重要的场合他可以说点儿什么，于是他"决定写一个故事，以这种最简单的方式说出想说的话"。他的"总体目的"就是"找个讲大道理的好机会"。休斯考虑的不是形式，不是创作一件艺术品或者现成的东西，而是某种信息。这就是为什么《汤姆·布朗的求学时代》更像是由中心人物串联起来的很多情节的集合，而不是利用某种特定类型的资源精心构建的一部小说。

这本书的成功是如此迅速，以至于它的"独一无二"并未保持太长时间。作品的构思方式多种多样，但最常见的一种是，读者渴望模仿或改进一本他喜欢或不喜欢的书。我猜，应该是出于对休斯的书的不满，促使时任哈罗公学教师的 F.W. 法拉尔（F. W. Farrar）写出了《埃里克，渐渐堕落》（*Eric, or Little by Little*）。这本书的出版只比《汤姆·布朗的求学时代》晚了一年。同样地，"'埃里克'的故事，"法拉尔透露说，"写它的目的只有一个——将内心纯洁和道德目标娓娓道来。"而且和休斯一样，法拉尔的故事同样是基于他自己在马恩岛威廉国王学院的求学经历而创作的。休·金斯米尔（Hugh Kingsmill）形容《埃里克，渐渐堕落》这本书"或许在描述年轻人感情至上主义方面最为充实"，"如果阿诺德喜欢喝酒，他可能也会写出这样的书"。金斯米尔或许是对的。然而即便是这样，我还是更同意詹妮·波萨克（Jenny Pausacker）的观点："这本书给人留下的主要印象是包含热忱的那种真诚，而不是多愁善感。"《埃里克，渐渐堕落》非常打动人心，在很长一段时间里都极受欢迎。

然而，塔尔博特·贝恩斯·里德却对此嗤之以鼻，根据莫里森的说法，他认为《埃里克，渐渐堕落》不过是：

一本宗教小册子，只是略微伪装成校园故事的样子。里德认为，这位院长把宗教教条和基督徒的道德掺和到一起，做成一种"面粉"，然后涂上校园生活这层叙事"果酱"，如他所愿地让内容变得令人愉悦。然而遗憾的是，他对年轻人知之甚少，他笔下的学生都是一群木偶人，这本书的失败之处便在于此。里德在《利兹信使报》的文章中不止一次表达过自己对《埃里克，渐渐堕落》的看法……他认为这种"面粉"的成分太过激进，果酱又平淡无味，弄出来的大杂烩让所有男孩倒胃口。

这是一位真正的小说家在工作、在思考——用传统而非后结构主义的术语来表达——形式的本质、人物的真实性，以及主题与人物和情节的关系。所有这一切的背后是基调：是作者兼叙事者［用道登（Dowden）在 1877 年的话来说，就是作者的"第二自我"］与隐含读者的关系。最令里德无法忍受的就是那种布道者的腔调，那种道貌岸然的宣讲，发表于高高在上的官方讲坛，引用各种奇闻逸事的说教只不过是为证明布道者拥有高人一等的智慧。

我们根据他在《利兹信使报》上的评论便可得知，里德很崇拜 R.L. 史蒂文森，认为《化身博士》（*Doctor Jekyll and Mr Hyde*）是"令人震惊的大师之作"。他是《金银岛》的忠实读者，这本书在 1883 年出版，不过在此之前一直在杂志上连载——是有志于成为系列故事作者的男孩子最理想的模仿对象。同时，他认为亨利·詹姆斯［1881 年出版了《一位女士的画像》（*The Portrait of a Lady*）一书］是当代最优秀的小说家之一。在那个年代，詹姆斯的品味还属前卫。鉴于此，任何真心这样认为的人都无疑具有敏锐的文学头脑。

以上就是我的主要论点。塔尔博特·贝恩斯·里德是一个对他人充满爱心的人，善于交际，精力充沛，身心都极度活跃。作为一个贪婪的读者、一位多产而热情的作者，他认真思考小说的性质和写作的目的，仔细研究小说的技巧和形式。他总有很多话想说，所有这些都是基于一种被我们现在称之为"基督教人文主义"的哲学。他了解男孩，从他的小说判断，他也很喜欢他们，站在他们一边，把他们看作"我们"的一员，而不是"他们"的一员，尽管他的潜意识更像是出于友好的成年人，而不是好哥们儿。他知道教育这群男孩的最佳方式，就是通过故事尽可能真实地描述现实生活。

然而他不仅是一位老师，也是一位擅长讲故事的人。他曾说文学是奢侈品，而小说是必需品。这使他自然而然地成为一位连载小说家，而不是牧师或教员。人们拜读完休斯或法拉尔的作品，会从中得到教训；而读完里德的作品，却会充分感受到故事本身的魅力，其结果就是获得更充分、更持久的满足感，从而更加关注故事本身体现的教育意义，而不是接受作者试图灌输的信息。就这一点而言，休斯和法拉尔是懂得利用故事的道德通讯员，而里德则是创作小说的艺术家。休斯和法拉尔，就算品质再上乘，也是令儿童书籍蒙上坏名声的作者；里德，就算缺点再明显，都是努力创作青少年小说、丰富文学语言的作家。

是时候赞美里德作品的品质了，当然，我们也不能忽视其缺点。他的小说时至今日仍在向我们这些青少年文学的作者和读者诉说。所有的批评、所有的评论、所有的文学讨论在本质上都带有自传意味，无论是学者之间、学术圈内还是朋友间非正式的闲聊，都是如此。因此，我想我应该从自己最初接触他的作品谈起，说一说第一本吸引我注意他的书。

关于罗利特（Rollitt）的真相

《费斯加斯的公鸡学院》，也许是书名中热辣辣的淫秽气息吸引了我。我当时 14 岁；"公鸡学院"透露出来的含沙射影令刚刚步入青春期的我心领神会。20 世纪 40 年代末，所有关于性的有趣东西都见不得光。当然，我知道这个书名本意是指学校里的冠军之家，主要是指体育方面。我是从《汤姆·布朗的求学时代》里了解到这一点的，当时这本书风靡一时。"费斯加斯"这个名字散发着约克郡北部山谷的气息，有点像以前我家附近一个叫艾斯加斯（Aysgarth）的乡下地方。我曾在那里独自散步，沉思冥想。在那个年纪，我被忧郁的华兹华斯式的浪漫主义所吸引，享受唯我独尊的乐趣；但同时也渴望恣意的宣泄。所以我暗自揣度这本书应该能给我的小小世界提供一些年轻而鲜活的刺激。是什么原因促使我把这本书从图书馆的书架上取了出来并不重要，重要的是其中有一个角色充分攫取了我的想象力，让我至今仍念念不忘。事实上，在我的记忆中，这本书全是关于他的，他才是中心人物，这是关于他的故事。

在那次年少的邂逅之后，直到筹备此次回顾文章之前，我再也没有重新拿起过这本书。想象一下我是多么惊讶（借用以前的小说家经常做的郑重其事的表态）：我这才发现直到第六章第68页，令我爱不释手的角色才在书中出现，而且他其实根本不算主要角色。起初，我为他感到委屈，甚至还有点儿恼火，埋怨自己记性太差。当然，我提醒自己，在我第一次读它的时候，我只关注自己想要关注的内容，而忽略了其他。我将里德的叙述回收利用，再穿到我自己创造出来的那个形象身上。

读者总爱这样做。因为我们这些现代读者深知，每一个故事，事实上就文学整体而言，就像保罗·利科所说，"是一个思想实验室，多亏有阅读作为媒介，我们才可能将研究成果运用于自身"。

令我在里德的小说中找到自我的角色名叫罗利特，这个名字很适合他那壮硕的体型和笨拙的性格。里德总是很擅长起名。他是这样将我这位虚拟伙伴引入故事的：

韦克菲尔德（学院）的罗利特在费斯加斯一直是个谜。尽管已经在这所学校待了三年，从中四升到中六的第一年，但却没人认识他。他没有朋友，也不想要朋友。除非不得不开口，否则他很少说话；一旦开口，不是说出让所有人吓一跳的话，就是说些很不招人喜欢的话。他参加过的比赛屈指可数，但一旦出手就表现不俗。尽管是古典学院的学生，但他主要痴迷的还是科学研究以及去乡下长时间散步。他的书房脏乱不堪，堪称奇观。他放弃了使唤免费仆人的特权。没有人敢对他轻举妄动，因为他的胳膊有橡树的树枝那么粗壮，虎背熊腰，站在那里就像一堵门。

关于他的各种离奇传闻满天飞。大家私底下都在传，他的父亲是个普通的工人，儿子能留在学校全都是因为有人做慈善。只要提到他的贫穷，罗利特的神经就会被挑拨起来。但以此取乐过于冒险，因此没什么人喜欢干。

然而，他的心不在焉是他在学校最大的敌人。关于他的故事中最为人津津乐道的一件是，他上中学四年级时，有次被叫到前面点名，他叫了很多人的名字，也叫到了自己的名字，没人回答。他朝自己坐的地方看了看，发现桌旁没有人，于是就给"罗利特"标记缺勤。还有一次，上午的课结束后他回房间换上打板球穿的法兰绒裤，却误打误撞地爬上床，美美睡了一觉，一直睡到第二天早上铃响。"你听到关于罗利特的最新消息了吗？"这句话成了费斯加斯任何神奇传闻最常见的开场白。半真半假的这些故事让这位英雄在费斯加斯成了一个传奇。

节俭是他的另一个特点。从来没人见他花过哪怕一分钱，除非能因此节省两分钱……据大家所知，他干过的唯一一件奢侈的事就是在几个月前买了一本关于诱饵的书。传说那笔钱相当于一个普通古典学院生整整一学期的零用钱。

我可以告诉各位，小时候的我是个害羞而专注于自我世界的孤独的人。当我读《费斯加斯的公鸡学院》这本书时，刚刚转到一所文法学校当插班生。在那里，大多数男孩的父亲都是中产阶级专业人士，比如律师和医生，而我的父亲则是"一个普通的工人"。我厌恶体育比赛，尽可能逃避（有一次，我甚至因为逃避每周两次的运动折磨而面临被开除的威胁。但有时我也会幻想自己某天踏足赛场，在板球或橄榄球比赛中一展身手，让观众眼花缭乱）。我比较害羞，天生爱干净，而且因为母亲的关注总是一丝不苟，因此心不在焉、不修边幅和邋里邋遢对我来说极具吸引力（我曾一度试图培养自己拥有这三种特质，但令人沮丧的是基本没有效果）。从我以上承认的这一切你们应该能够看出来，罗利特正是我喜的那种非正统派角色（anti-hero）。

在接下来的内容里，罗利特根据情节的需要时隐时现。关于他父亲的谜团最后终于解开：确实是"一个普通的工人"。关于是谁为他支付高昂学费的问题也有了答案——原来是两个富有的未婚女子。与此同时，他差点儿溺毙，是一个比他小的男孩子救了他。后来他对那个男孩照顾有加，甚至产生了一种唐突的爱意。他还被指控犯罪，又被无罪释放。他在一场极其重要的足球赛上表现超群，又和一群男孩一起对抗大人。在书的最后，他决定离开费斯加斯——"大家深感遗憾，却正合他意"——"进入一所工程类院校学习更适合自己的课程"。在里德那个年代，这是一位来自公学的英雄人物所做出的闻所未闻、事实上堪称革命性的决定。即使到了 1948 年读到这些也令我惊叹不已，我记得自己当时激动得放声高呼。在我看来这是全书中最大无畏的行为，展现了勇敢的个性，完全不会人云亦云、墨守成规。罗利特挣脱了束缚，真正成为我渴望成为的那种非正统派角色——尽管当时我还不知道有这个词。而且我认为，这就是整个故事的意义所在，就是它想要传达的**意图**。

现在，那仍是"我的"《费斯加斯的公鸡学院》。只不过我在最近重温这本书之后，也承认詹妮·波萨克关于这本小说不经意体现出来的观念的评价完全正确。这个分析结论来自一位训练有素、经验丰富的评论家，一位澳大利亚小说家，同时也是研究当代批评哲学和批评技巧的学者。鉴于波萨克的论述十分详尽，而且这项研究（是她的一篇博士论文）从未公开发表，因此我想在此大段引用其中的论述。她对情节的总结，反映出我当时天真而肤浅的阅读忽略了如此之多的内容——当时的我完全被罗利特一个人深深吸引：

《费斯加斯的公鸡学院》中的冲突双方是现代学院和古典学院，他们互相争夺对学校机构的掌控权。竞争逐渐加剧，直到现代学院的头儿当格勒和克拉珀顿退出足球队，并带走了其他现代学院的队员。古典学院的队长约克为了争取和平，关闭了学校多所俱乐部，导致现代学院倒戈，院里的低年级生不再支持对抗，逐渐地变成整个学院都不支持。最后，约克以基督教的精神向克拉珀顿示好，克拉珀顿欣然接受。

这些书［《圣多米尼克的中学五年级》、《威洛比的队长》（*The Willoughby Captains*）、《费斯加斯的公鸡学院》］中的主要冲突程度不断加剧，从普通学生之间的冲突，上升到校内两个带头大哥之间的冲突，后来又变成一半在校生和另一半在校生之间的冲突。每层冲突都会放大校园生活的某个方面。奥利弗·格林菲尔德（《圣多米尼克的中学五年级》中的角色）

看似做出了有损荣誉的举动，但事实证明他的行为值得敬佩。威洛比（《威洛比的队长》中的学校）必须在聪明的大脑和强壮的身体之间决定校队队长的人选，而里德尔（当选的队长，头脑聪明，但运动水平欠缺）则成功提高了球队的水平。在这两本书里，最终的解决办法都说明学校系统其实拥有无限的灵活性。（而且，有人可能会补充说，寄宿学校作为一个与外部世界并行的封闭小世界，其灵活性主要掌握在这群年轻的角色自己手中。在这里，几乎任何故事需要的情节都可以发生。）

《费斯加斯的公鸡学院》中的冲突则更为复杂。古典学院和现代学院之间的敌对与他们各自所研究的课程内容无关，而是与各自的声望有关。然而对于这一问题其实早有定论。因为我们从中读到，现代学院有一群男孩"公开炫富，这一点尤其让古典学院的学生感到恼火，因为钱对于他们中间绝大多数人的父母来说是个大问题"。约克"得到一位圣人朋友的指导和帮助"，克拉珀顿则是"一个只知道傻笑的大块头，穿着相当夸张……"。里德延续了休斯将公学与上流社会人士挂钩的写法，同时开始对暴发户进行谴责。这种固定模式的校园故事也就此传了下去。

‥‥‥‥‥‥

随着罗利特这个角色的出现——里德笔下唯一来自工人阶级的学生——局面无疑彻底失控。罗利特蒙受不白之冤，被怀疑偷窃，成为在《费斯加斯的公鸡学院》之中被误解的那个角色，就像《圣多米尼克的中学五年级》中的格林菲尔德，或者《威洛比的队长》中的温德姆。罗利特身上讨喜和不讨喜的性格兼而有之：既拥有惊人的强壮和毋庸置疑的天资，却又不修边幅、说话刻薄、性格内向。罗利特的工人阶级出身能够解释他的不合群，（这令他）在学校里很难找到立足之地，最终被发配到工程类学校。如果现代学院的财富令人不可接受，那么罗利特的贫穷也是如此。

现在我们知道了，里德最在乎的就是维护社会的现状。

或者说，正如威洛比学校英勇无畏的前任队长温德姆在小说结尾所说，我认为那是里德的书中最有意思的话："威洛比第一，学院其次，你自己最后。"这句话出了校门的意思就是：国家第一，学校（或家庭）其次，你自己最后。当然，这是里德坚守一生的誓言。但我认为，如果说这就是他的这些故事想要表达的主题思想，那就大错特错了。在很大程度上，波萨克的指责本身就可以被指责为"当下主义"：她用我们今天看待事物的态度来评判里德，仿佛他也能像她一样意识到这些态度的存在。这也没关系，但我们不能同时因为一些他不可能知道的事情而谴责他，也不能断言这就是对他全部的评价。我想知道百年后的人们会如何评判詹妮·波萨克的小说，或者我自己的小说，前提是那时还有人认为它们值得一读，还愿意讨论它们。我们是否会因为某些当下完全没有意识到的观念错误而遭到指责呢？每个人都属于特定的时代。终有一天会成为明日黄花——这是所有作者的命运。只有少数作家确能拥有保持鲜活生命力的特质，令后来人抛开对其所处时代的偏见与盲目。在那些最杰出的作品中，比如莎士比亚、简·奥斯汀（Jane Austen）、乔治·艾略特（George Eliot）、D.H.劳伦斯的作品，其中的年代感是最弱的，以至于在很多方面，现在读起来和从前一样切合时宜、令人愉悦。

我并非宣扬里德也具备这种超越时间的特质，我只是想说，在校园故事这一类型中，他算是佼佼者。他认真地利用这种形式，谨慎地研究人类行为。事实上，我认为这样做的只有他。在创作寄宿学校或公学校园故事的作者中，只有他通过一个系列的作品，体现自身思想演变，展现在叙事和角色处理手法上的进步。只有他单凭对语言的运用就值得我们关注——他的语言诙谐机智，如行云流水，没有令人厌烦的老套桥段，对话准确，构思巧妙。（《斯托凯和他的伙伴》与之不相上下，但吉卜林只写了这一本校园小说，并未创作同类型的系列作品。）

　　与过去一样，今天为儿童编写的所有内容均受制于观念的约束。其中传达的主要信息，也和里德那时一样，都是一个人必须学会在任何当下认为应该"得体"的地方举止得体——换言之，一个人必须知道自己生而为人的位置，不能惹麻烦，充其量只能参与一些作为生活调剂的小打小闹。抛开这条约束性的信息，里德的小说还可以被解读为（而且我认为这也是作者所希望的）对日常生活方方面面进行的充满戏剧性的、轻松愉悦的思考，都是一些在哲学和道德角度难以思考的问题。按照这样的理解去读《费斯加斯的公鸡学院》，就会发现这本书是对道德勇气和强健体魄的思考。《威洛比的队长》则是思考领袖、政府和政治本质的问题。例如其中有：任命要通过皇家法令（指校长，他依靠看不见的学校管理者赋予的"神圣权利"管理学校，任命学生会主席和纪律学长无须经过征求意见或者选举）；一个（模拟）议庭，职能完全照搬位于威斯敏斯特的英国国会；和下议院一样开展对抗性辩论；面见国王的代表团（面见校长的男孩）；各种委员会、特设委员会和经过任命产生的委员会，及其运作方式；等等。《希尔学院的宿舍主管》的主人公是一位青年教师。我们通过他的视角去观察他的生活，那是通过在校男生的视角看不到的。这种视角在当时实属罕见。关于青少年小说能够起到什么作用，这部小说的态度也少有而鲜明地充满"现代感"：它探讨了什么才算是好老师，权力意味着什么以及该如何妥善对待权力，公平（不公平）是指什么，又是如何发挥作用的。

如今的儿童和青少年小说能在主题范围上与之媲美者寥寥，而且也无法像里德对待读者的态度那样，严肃认真但却毫无压迫感。里德希望读者能理解他的语言和内容，并假设读者渴望了解成人世界——渴望成为大人，而不是永远停留在青春期。

波萨克以令人信服的方式，展现了里德是如何维护"现状"的。但里德的小说中还有一点值得注意，也是他在小说中更竭力主张的意义。他的每本书中总有一个中心人物（通常是中心人物）鼓足勇气坚持自我，直至有人证明或者指出此人的行动才是正义之举。在里德笔下的世界，每个人都安守本分或许很有必要。但是这样做的前提，是你必须随时准备好捍卫自己的信念和你认为正确的东西，即便这意味着你要独自与身边的人对抗，会被排斥、被嘲笑。在顺从社会的前提下，你必须时刻做好不顺从的准备，因为顺从有时意味着为了被接纳而违心地活着。当然，这需要道德、智力和身体三方面的勇气。相对于努力维持现状的信息，这才是里德所有作品最重要的主题，是这些作品真正的意义。

这就是为什么我并不赞同波萨克对罗利特离开费斯加斯的解读。我认为里德谨慎地暗示这其实是罗利特自己的选择：我们得知，他的离开令"大家深感遗憾"，却"正合他意"。他证明了自己的清白，证明了他对学院和学校的忠诚，证明了他兼具强健体魄和道德勇气，证明了他天资聪颖，甚至到最后还赢得了众人的喜爱。对罗利特和读者来说，他继续留在这所学校，担当荣誉楷模，是一件轻而易举的事。这将成为一种对现状的维护，因为这其中传递出的信息是：无论是天生属于这个群体的人，还是像罗利特这样的后来者，这套社会系统都能公平地加以对待——正义终究会为正义之人赢得权利，我们都能感受到那种满足的喜悦。这种喜悦来自当权者对于曾经无权无势者的纡尊降贵，来自后者终于获准进入社会系统的较高层级。

罗利特和他的缔造者在道义上显然高人一筹，他们勇敢地拒绝了费斯加斯，选择了不太被社会看好的工程类学校。这样做可不是在维持什么"现状"，而是在暗示公学并非一切。对于某些有才能的人，或许有些地方比费斯加斯所能提供的教育更好。正是因为把罗利特送去这种不被人看好的另类学校和读者的预期相悖，甚至忤逆了读者的意愿，我们才知道，作者一定是想表达什么。也许我们应该记住，里德本人并没有像他的大哥和堂兄弟一样，选择他那个阶层的男性最常见的求学途径升入大学，而是从学校直接踏进了一个具有工程性质的行当——铸字业。从某种意义上说，他将自己做出的选择同样赋予了罗利特。由此可见，叙事的美妙之处就在于，同样的叙事可以同时传达并行的矛盾含义：波萨克得出的结论是里德**在无意中**传达了希望保持现状的意图；而我也可以同样宣称，里德是**在故**

意描写对现状的反抗，甚至不惜为此付诸行动，只要他认为这是必要的。里德相较于一般人的高明之处，我认为就在于他的小说颠覆了他自己持有的观念立场。

致命缺陷

解构理论强调，每件艺术品都存在一个足以毁灭自我的缺陷，因为所有创造出来的东西都是如此。那么里德故事里的核心弱点又是什么呢？我们可以通过逐一寻找这些书中的某个重复模式来锁定它，就好像从 X 光片上不透光的地方看出那些致命缺陷一样。

里德的故事中总是存在等级制度。这并非由里德决定，而是由当时英国公学的构成所决定的。位于最上层的是由高年级男生（纪律学长）组成的精英群体，但他们上面其实还有人管——精英中的精英，包括校级和各学院的学生领袖。在纪律学长之下是处于中间层的男生，正等着掌权，是一群不太好对付的年轻人，对于现任掌权者的态度或是添乱，或者支持。接下来是处于最下层的学生，第三种人，天真无知的中一和中二年级生。他们是群众，为故事提供各种幽默素材、恶作剧桥段和轻松的调剂（相当于莎士比亚作品中粗鲁无理的"工具人"）。纪律学长会从中挑选自己的免费仆人。里德有时把他们描绘成一群幼稚而狡猾的小动物，例如在《圣多米尼克的中学五年级》中把他们比喻成一群蝌蚪和豚鼠。

到了里德的时代，英国公学已经不仅仅是"阿诺德模式"下的精英教育场所，而是成了培养帝国官僚的机构。学生所受的训练就是为了今后胜任管理大英帝国的工作，当然也包括管理英国本土。为确保这种训练万无一失（具体来说就是培养出值得信任的人，不会搞破坏，以至于损害这个由极少数人创建起来的原本就很脆弱、只具有名义上的权威的体制），那些被选中的男孩必须在学校这个封闭的系统中被塑造成"我们的人"。而学校本身就是照搬校门之外的世界。如果你在训练期间表现得不可靠，或者显示出某些方面的不合适（比如波萨克和我都认为罗利特就不合适），便会有人说服你离开，或者干脆把你赶出去。在这个已违背阿诺德初衷的扭曲版本的教育体制下，要想成为一名**捍卫者**，你必须将全身心都奉献给这套制度，毫无保留地支持它，遵照它的惯例、仪式和传统生活，无论如何都要与它患难与共。所以这里最不需要的就是出于思考的怀疑和探究，因为这会引发对整个制度的极其危险的质疑。也正因为如此，对脑力活动的诋毁和文化庸俗主义至今仍是英式生活的一大特色。例如在法国，称某人为知识分子是恭维之词；而在英国，这绝对是一种侮辱。

　　里德的故事每次都以大体相同的方式呈现这一信条。一位精英或未来精英，作为故事的主人公，不知何故发现自己遭受责难，或是被指控偷窃，或是无法尽职，又或是说了谎话，他不能，更常见的是不愿为自己辩白。他只是毫无怨言地、勇敢而坚定地遵照制度规定继续履行自己的职责，埋头学习，管理所在学院，一切如旧——即便被最亲密的朋友抛弃，即便孤身一人。在此期间，他表现出强健的体魄和无畏的道德勇气。接下来通过某种情节安排，某个不值得尊敬的角色被主人公打败，被逐出校园，由此证明了主人公的正直诚实。一群"墙头草"一样的低年级学生转过来支持主人公，然后通过一些戏剧性的事件（通常是一场重要的体育比赛），主人公拯救了全校，保住了学校的尊严，也赢得了众星捧月般的地位。

换句话说，这群受训的精英折磨和排斥自己人（精英中的一员），这个"自己人"凭借强大的道德勇气与强健的体魄忍辱负重，证明自己不仅当得起这份威严与权威，更通过个人的牺牲和贵人的庇佑，拯救了这群被选中者的整体荣誉，再次重申这个体制的权力。耶稣基督的故事就是这个套路，超人的故事也是，法西斯的故事同样是：一个超级种族通过考验与胆量测试诞生了超人，并凭借超人从贵人那里获赐的礼物统治整个世界。这就是公学故事的致命缺陷，也存在于许许多多英雄传说的内核。不同之处在于，校园故事取材自真实故事，虚构出来的版本只是把原本的故事戏剧化，供那些属于精英阶层的人以及他们所统治的对象消遣。这就是为什么我们可以说——正如科雷利·巴尼特（Correlli Barnett）在《英国权力的崩塌》（*The Collapse of British Power*）一书中所指出的："（在西方）没有哪一个现代领导阶级像这一时代的英国公学男生们那样接受品格、个性和观点的长期塑造。"

在打造模式化公学校园故事方面，正如伊莎贝尔·奎格利和詹妮·波萨克等人所指出的那样，塔尔博特·贝恩斯·里德所做的比其他任何作者都要多。他在传播英国男孩被塑造出来的形象方面起到了关键作用，为后来者树立了理想、态度、惯例和仪式的规范，这些都是公学故事中必不可少的内容。

我之前说过，里德是一位个人德行与社会美德的忠实信徒，并暗示这或许正是他的致命弱点。像所有忠实信徒一样，他对于自己的日常生活方式以及他在小说中所描绘的生活方式抱有坚定的信念。但鉴于他的个人品质是如此吸引人，他的这种信念似乎也让人憧憬。他曾在一篇文章里介绍过印刷商兼书目学家威廉·布莱兹（William Blades）。此人对少年里德的影响仅次于他的父亲。里德评价他拥有"一种不受影响的美德"。

同样的敬意也可以献给里德本人。我们所了解的关于他的一切都表明，他是一个坦诚而谦逊的人。"安杰……很受欢迎，"他这样描写《希尔学院的宿舍主管》中的一个角色，"他赢得了一英里跑步赛，为人正直，言出必行，心口如一。这样的男孩不受欢迎才怪。"那就是里德本人。"里德尔可不是胆小鬼，"他这样描写《威洛比的队长》中的主人公，"但也绝对不是那种心理病态的人，被人赏了一巴掌，又把另一边脸转过去给他打……他有作为英国人的足够强的本能，促使他为自己而战。"这一次，里德又毫无愧疚之意地修正了他所信仰的绝对真理，以契合那些**守护者**对人性的看法。从中还透露出他的胜利者意识，因为他相信，英国统治阶级的天命就是统治世界，这是正当且理所当然的。

威灵顿公爵（Duke of Wellington）曾说［至少根据蒙塔朗贝尔（Montalembert）[1] 的说法］，"滑铁卢战役"是在伊顿公

---

[1] 作者注：查尔斯·福比斯·雷尼·蒙塔朗贝尔（Charles Forbes René Montalembert，1810—1870），法国历史学家。他并没有参加1815年的滑铁卢战役（当时他还小）。蒙塔朗贝尔学识渊博，写过很多介绍法国等国宗教情况及宗教人士的历史书籍，在该国享有很高的社会地位。

学的操场上打赢的。一百年后，成千上万由国家和公学塑造出来的英国年轻人怀着满腔热情奔向佛兰德斯战场慷慨就义，因为他们坚信自己正在履行英雄般的职责：国家第一，学校其次，自己最后。在赋予他们这种信念和对命运的态度上，阅读校园故事和其他渠道的影响力不相上下。正因为如此我才会说，小说塑造了人们对现实的看法。始于《汤姆·布朗的求学时代》这种类型的小说最终令很多受其影响的人付出了生命的代价。因此，在蒙受了第一次世界大战的灾难之后，人们再也不可能把19世纪公学的那种做派和必然产生的优越感当真了。关于男孩就读于公学和寄宿学校的故事没落了，沦为肤浅的消遣肥皂剧。要我看这并不奇怪。如果里德还活着——他本该轻松活到那时候——又会如何看待这个糟糕的结果，那时的他又会写些什么呢？但他在终场哨声吹响之前就先行离世了，守护者越过了那条底线，决定再也不会转过另一边脸让人打，而是永远像一个真正的英国人那样行事。

里德小说的创作形式

还有什么值得我们庆祝吗？总的来说，当然应该庆祝终于丢掉了那种愚蠢的信念，还有终于可以享有通过思考来质疑的自由。具体来说，则是赞颂里德生活中那些"未受影响的美德"，以及他在青少年文学写作史上作为一种模式缔造者的地位。人们大多认为，他的作品现在只不过是一堆古董；我也怀疑如果再版这些书，能否吸引足够的阅读量来确保不亏钱。

但我不得不说，最近我重读他的书时总是不禁在想，他的故事其实非常适合改编成精彩的电视连续剧。然而，我们毕竟是对他所从事的这门写作艺术尤为感兴趣的人，因此他的叙事特征才是值得我们关注的东西。例如，从历史角度来看，他的书里处处是细节，透露出维多利亚时代中期的人如何对待年轻一代，如何管理那些排在一流学校之后的学校（里德虚构的那几所学校，不管有何主张，但肯定不是伊顿或者哈罗，而是模仿它们建立起来的学校）。比如里德曾详细描述过当时一所学校里的某栋"宿舍"。马克·莱尔斯福德（Mark Railsford）是一位年轻的宿舍主管，也是《希尔学院的宿舍主管》这本书的主人公。这是他的第一份工作。新学期第一天一大早，学生们还没到校，校长庞斯福德博士（Dr Ponsford）便带他参观了今后由他管理的地盘。我们还是按照惯例将这位校长称为"博士"：

　　早餐后，马克被郑重其事地带到了自己所负责的学院宿舍。这里的地板有些潮湿，地毯都被掀了起来；床铺和洗脸盆架堆在过道里，没有看到一丁点生火的迹象。

　　"这是你的房间。"博士指着一个三间房的套间对他说道。此时的房间里满是肥皂味，家具则完全没有。"你一定会感到这里既舒适又四通八达。里面那个房间是卧室，中间这个是你的私人起居室，这个大一点的是客厅。现在我们去看看宿舍和书房。你知道的吧，学院的学生会主席——就是中五和中六年级的学生会主席都有自己单独的书房；希尔学院其他学生每两人一间书房，初中生在公共休息室学习。你很快就会熟悉所有这些的。作为一名宿舍主管，学院宿舍里发生的一切都归你管——这群男孩子的品行、功课和娱乐都要在你的监督之下。这个学院有四名中六年级的男生，他们是纪律学长，也归你管，但是在一些事务上他们可以自行行使权力，无须向你汇报。但你一定要心里有数，提防他们滥用职权。你的女舍监是法辛太太，她负责打理和学生衣橱有关的一切，其他事情则由你指挥。下楼之后我会介绍你们两个认识。

"关于起床、做礼拜、备课(即走读生通常所说的家庭作业)、熄灯等具体事情，我建议你看看学校日程表。所有这些都要特别强调纪律性。棘手的问题可以和其他宿舍主管商量着办，极端的事件可以报告给我；但请记住，我不喜欢事无巨细都向我汇报。对于特殊情况，允许宿舍主管使用藤条（也就是体罚，用一根细长的竹棍击打犯错者的手部或后背），但是必须在主管会议上向我报告。你负责的事情基本就是这些了。

"作为希尔学院的宿舍主管，每天上午的课都是你负责，而且如你所知，你要教授古典文学课、英语课和神学课。下午的时候，法语课、数学课和化学课的老师会把学生领走。但名义上你要对所有课程负责。下午上课期间如果出现任何违反纪律或者偷懒懈怠的情况，当值老师都会向你报告，而你则必须加以处理。"

除了以上提到的课程中没有历史和地理，这几乎就是阿诺德博士当校长期间的拉格比师生的真实生活。比如我们可以注意到，其中没有提到任何和运动相关的内容，当时的课程表里没有这项，都是靠男孩子们自发组织。还可以注意到，学校宿舍十分简朴，甚至显得有些对付；森严的纪律等级，从校长到宿舍主管、任课教师再到纪律学长，每一级都拥有明确的权力。不过当你细细琢磨便不难看出，事实上拥有最直接而且相当大的权力，直接影响这群男孩的日常生活是苦是乐的人，是纪律学长。但里德毕竟是个小说家，不是历史学家。像这样的段落并不仅仅是为了向我们做介绍，而是在情节上意义重大。

里德最鲜明的特点之一就是对叙事节奏的把控。因为他的故事最初是以连载形式出现的，因此故事情节会根据人物和行为的出场顺序推进，方便读者一章接一章地读下去。而且由于他了解自己的读者群——一群从10岁到刚刚成年的男孩，因此他也会写一些年龄较小或较大的角色，以及各种类型的角色。他对这些角色细心揣摩，确保每个虚构人物都能唤起读者的共鸣。

也正是出于同样的原因，他逐渐形成了言简意赅、结构紧凑的写作风格，经常使用短句，这与后来许多模仿者冗长且啰唆的写作风格完全不同。他经常在书里直接与读者对话，有时语带戏谑，嘲笑那些故作机智地从他笔下人物的行为中总结大道理的人："他不是唯一一个偶感善心大发而得意地摇头晃脑的男孩。是不是，各位读者？""危险和成就就是友情的黏合剂，比水泥糊砖还要结实。""他懂得了其中的秘诀，同情是让一个男孩敞开心扉的金钥匙。"

与追随他的大多数模式化校园故事的作者不同，里德能够超越情节的限制和牵绊，把长篇故事变成真正的小说作品，以探究生活的本质为目的，而不止于呈现"娱乐价值"或满足读者对消遣类小说的庸俗要求。（《希尔学院的宿舍主管》的第19章，有段内容尤为有趣。年轻的宿舍主管整晚都在照顾一个病得神志不清的男生。这个场景非常重要，正是因为这个男生病糊涂了，才会揭露一场罪行的罪魁祸首，而这恰恰是整个故事的"推动器"。但里德对这个场景的处理之丰富、之详细，远超情节的需求。他对这种危及生命的病症进行了全面、动人而且在医学上精准无误的描述，是维多利亚式的优雅描述；与此同时，他还详细记录了护理病人时的道德和精神体验。他所考察的是生命的"内容"。这个场景，以及他对其他很多场景的描写都暗示我们，只要里德愿意，他本可以成为一位杰出的成人文学小说家。）

我们大可以继续举例，证明除了我目前提到的这些，里德还具有充分的幽默感，他笔下的对话真实可信，用来推进故事和揭示人物特征的技巧娴熟，故事情节衔接顺畅（但也有少数明显生硬之处），只是篇幅不允许我们这样做。我想结束本次演讲的最佳，或许也是最适宜的方式，就是让他的文字亲自讲述我所仰慕、令我受教以及让我乐在其中的这位小说家，特别是因为他的书目前已很难找到。我选了里德最受欢迎的一本书——《圣多米尼克的中学五年级》中的某段场景，尽管这本书并非是我最钟爱的。在这一场景中，一个名叫斯蒂芬·格林菲尔德的低年级男生碰到了纪律学长洛曼，而他恰好就是洛曼的小跟班。一群被使唤的学生刚刚决定罢工，这是对高年级生前所未有的反抗。如今斯蒂芬必须面对此事的后果。这一场景展示了里德是如何通过你来我往的对话和一针见血的叙事点评，巧妙地传达情节和表现人物，以及他是如何在营造紧张气氛的同时又能保持令人愉悦的叙事节奏的。令我印象深刻的是，他对暴力行动的叙述简明扼要——清楚、不拖泥带水、从不夹杂耍人听闻的攻击性，但又能恰到好处地引发不安的情绪。我对那位老师，也就是拉斯尔先生的态度也很感兴趣。他是一位心地善良的人。我想知道他对所发生事情的态度，以及他是如何处理这件事的——我之前引用的一些片段告诉我们，事情演变成了大人和孩子之间的问题。

事实上，如果所有反抗者都像斯蒂芬那样，圣多米尼克的这群低年级生估计直到今天还在"罢工"。他极其镇定地考虑接受自己的牺牲，就连宗教法庭都没有见过比他更坚定的受难者。

众所周知的"板球盛宴"结束后的清晨，他第一次拥有了为"国家"利益牺牲自己的机会。第一节课下课后，洛曼在走廊里遇见了他。

"你为什么不给我带早餐，你这个游手好闲的小流浪汉？"这个中六年级的男生半开玩笑，根本没想过接下来会发生什么。

"我又没闲着。"斯蒂芬说。

"那你不好好工作又想干什么？"

"这不是我的工作。"

洛曼惊讶地睁大了双眼，盯着眼前这个勇敢的少年英雄，仿佛从云端跌落到地上。

"什么！"他号叫着，"你说什么？"

"这不是我的工作，"斯蒂芬重复道，涨红了脸，但态度坚决。

"听着，小东西，"在确信自己果真没有听错之后，洛曼说道，"别跟我玩你那套小把戏，否则你会后悔的。"

斯蒂芬没再说话，战战兢兢地等待接下来会发生的事。

洛曼不是那种天生的恶霸。对他来说，保持礼貌总比生气怒吼来得容易，尤其是对低年级男生。但他的小跟班竟然用如此冷淡的蔑视态度对待他，任谁也无法保持礼貌，于是洛曼真的生气了。

"你这是什么意思？"他抓住男孩的一只胳膊说。

斯蒂芬甩开他，固执地站在那里，一言不发。

洛曼彻底被激怒了。遭到这种小屁孩的挑衅和抵抗，对他来说还是头一次。

"到我的房间来！"他说着，怒气冲冲地抓住他的跟班。"我倒要看看咱俩谁说了算！"

斯蒂芬被迫就范，任凭自己被拽进书房。

"喂！"洛曼说着关上了门。

"喂！"斯蒂芬鼓足勇气喊道，心里却在想自己究竟会被怎么样。

"你到底听不听话？"洛曼严肃地说。

"反正不听**你**的话。"斯蒂芬当即回了一句，但语气不算干脆。

"啊？"洛曼喊了一句，满脸涨红，"你确定吗？"

"确定。"斯蒂芬说。

"这可是你自找的。"洛曼说道。

一记响亮的耳光冷不丁甩在脸上。斯蒂芬后退了几步，但只是几步。他原以为会比这个更惨。如果只是如此而已，他还能挺过去。

"不准你打我！"他大着胆子反驳道。

洛曼可无法忍受被人挑衅。虚荣是他的弱点，没有什么比碰上一个和他一样坚定的人更能触犯他的虚荣心的了。

他抓起一把尺子，一气之下朝着倒霉的斯蒂芬的脑袋扔去。尺子重重砸在男孩的脸上。男孩站在那里，片刻间陷入恍惚，一阵剧痛袭来，他的脸涨得通红，但还是看着对方。然后，他不顾一切地冲了过去，扑向欺负他的人。

双方的实力自然悬殊。小男孩被大男孩牢牢制服。后者其实有一阵子被这个胆敢攻击自己的小孩吓了一跳，但也仅此而已。他原本只需要一只手就能保护自己，原本可以用一只胳膊把这小子抱到过道上去，但他体内的恶魔被唤醒了，而那个恶魔绝不留情。他用全力收拾这个小跟班，就好像对方的块头和力量都与自己差不多。斯蒂芬挥出的每一拳都绵软无力，而洛曼则回以有力而直接的一击。一旦斯蒂芬略有动摇，洛曼就会像在职业拳击比赛中那样痛下狠手。当小男孩最终放弃时，已是筋疲力尽，流血不止，站都站不起来了。他的对手给了他最后一拳，如果他不来这最后一下，别人会永远以为他是个懦夫。

"喂！"洛曼低头看着他的手下败将喊道，"现在听话了吗，嗯？"

对于可怜的斯蒂芬来说，这是性命攸关的一刻。毕竟，为了"罢工"吃这些苦头值得吗？只要说一个字就能逃过一劫。而如果继续挑衅对方，他就完蛋了。

他确实犹豫了一下，也幸亏他犹豫了一下。就在这时门开了，西蒙走了进来。斯蒂芬看到机会来了。他溜到开着的门口，用尽浑身力气大声叫道：

"不，我不要！"说完这话，他一溜烟逃到过道里去，像没事儿人一样，就仿佛刚刚根本没有被人一顿暴揍。

…………

那个下午，斯蒂芬的脸肿得全都歪向一边，眼睛周围青一块黄一块，下嘴唇的厚度大约是平常的两倍。即便这样，他仍照常出现在中学四年级的算术课上。

"哎呀，格林菲尔德。"拉斯尔先生叫道，此时正好轮到这位年轻的英雄站起来回答问题，"你对自己做了什么？"

"没什么，先生。"斯蒂芬轻轻地说。

"你的黑眼圈怎么回事？"老师问道。

"打架，先生。"斯蒂芬说，语带夸耀。

"啊！你刚才说48除6等于多少？"

这就是拉斯尔先生的方式。他很少当着全班同学的面训斥学生。

但是下课后，他把斯蒂芬叫到了他的书房。

"恐怕你在那场战斗中输得最惨。"他说。

这时的斯蒂芬和拉斯尔先生已经很熟了，因此并不怕他。但正是因为太熟，所以斯蒂芬并不会对他坦白一切。他顺从地回答说：

"那家伙的块头比我大。"

"从你的脸上我能猜出来。好吧，我并不想知道你们为什么打架，尽管我猜你很想告诉我（斯蒂芬迫不及待地想要告诉他）。你们这些小男孩打架的理由太奇怪了，你们知道吗？让人理解不了。"

"但这是因为——"

"嘘！我不是告诉过你我不想知道是怎么回事吗，先生！"拉斯尔先生厉声说道。"后来你们握手了吗？"

"不，我没有，**我也不会！**"斯蒂芬大叫起来，气得忘了自己是在跟谁说话。

"那么，"拉斯尔先生平静地说，"给我把《凯撒》[1] 抄写一百行，格林菲尔德，当你想起来什么叫礼貌的时候我们再谈。你可以走了。"

…………

那天深夜，斯蒂芬正在教室里为自己无端被罚抄而自怨自艾，心情十分沮丧。他希望自己从没来过圣多米尼克。这时，一只手搭在他肩上，吓了他一跳。他抬起头，看见了拉斯尔先生。

"格林菲尔德，"老师和蔼地说，"抄多少行了？"

"70 行，先生。"

"哼！这次就这样吧。你最好去睡觉。"

"噢，先生！"斯蒂芬叫道，与其说是因为不用再抄写 30 行《凯撒》，不如说是拉斯尔先生那和蔼的语气打动了他，"对您无礼我很抱歉。"

"唉，我也很难过；所以我们就别说了。哎呀，你的脸被划破了！"

"是的，先生。被尺子划破的。"

---

[1] 作者注：这里提到的《凯撒》是指当时在校生必读的一本拉丁语著作，记述了凯撒大帝征战四方的故事。格林菲尔德被罚从这本著作中摘抄一百行的内容。当时，英国寄宿学校的男孩都要学习拉丁语和希腊语，因此古罗马和古希腊文学经典也就成了他们的必读书目。十六世纪六七十年代，莎士比亚就读于埃文河畔斯特拉特福德的学校期间所受的教育也是如此。

"尺子？这么说那并不是一场公平的战斗咯？别跟我说这事。我敢说你非常英勇，克服了很大的困难。不过你现在眼圈黑得厉害，脸颊看着应该也很疼，所以你最好赶紧上床睡觉。"

当然，男孩那张苍白、淤青、仰面朝上看的脸在那一刻并没有显得很高兴。

那天晚上，斯蒂芬·格林菲尔德带着精神和身体上的双重不安上床睡觉了。

不用说，像斯蒂芬这样的英雄不仅逃过了那次劫难，而且真正幸存了下来，光荣地成为学校板球队的队长。到了那个时候，他俨然已成为"中学四年级生们尤其敬畏的对象，每当他充满男子气概的身影出现在楼上走廊时，这些小孩吓得腿都发抖了"。

这是里德在无意间埋下的一处讽刺。这个场景一开始，里德开玩笑地将斯蒂芬的小冲突与"为国家利益牺牲自己"相提并论。而我们可以计算出，1914 年斯蒂芬大概 39 岁，正好是担任团级高级军官的年龄。他可以指挥手下，派遣士兵为英格兰战斗甚至牺牲。而被派出去的那些人全都怀着无比坚定的决心，就像斯蒂芬在洛曼面前表现出的那股子倔犟劲儿。国家第一，学校其次，自己最后。

塔尔博特·贝恩斯·里德深知故事拥有塑造和改变我们的强大力量。通过他的生活和他的小说，我终于领悟到：我们必须高度自觉，谨慎对待写出来的东西，因为有可能引发歧义，为青少年写作时尤要谨慎。而对于我们所读到的一切，深思熟虑也非常有必要。

本章涉及的英国学制说明 [1]

一、英国进入大学之前的这段教育时期，分为小学 / 中学 / 大学预科三个阶段，并不等同于国内的小学 / 初中 / 高中的概念。简单来说，英国大学之前的教育可以统一用 1 年级到 13 年级来命名。

二、1—6 年级是小学，5 岁入小学，小学一共 6 年。

7—11 年级是中学。中学一共 5 年。严格来讲，英国没有初中和高中的概念，中学五年分别是中学一年级（简称中一），中学二年级（简称中二），以此类推。

12—13 年级叫大学预科，即我们通常说的 A-level 课程。一共要读两年。这两年并不等同于我们的高中三年。如果延续前面的年级命名规则的话，12—13 年级也可以叫"中六"年级，英文叫 sixth form。最高就是"中六"，没有"中七"，因为"中六"分为第一年和第二年。

三、"中六"之所以叫 sixth form，是因为英国进了中学后的第一年是 7 年级，也被叫作 first form，8 年级叫作 second form，以此类推，12 年级就叫作 sixth form。

---

[1] 译者说明。

四、中英学制对比详见下表。

年龄	中国学制		英国学制		
5—6 岁	幼儿园	大班	Year 1		小学
6—7 岁	小学	小一	Year 2		小学
7—8 岁	小学	小二	Year 3		小学
8—9 岁	小学	小三	Year 4		小学
9—10 岁	小学	小四	Year 5		小学
10—11 岁	小学	小五	Year 6		小学
11—12 岁	小学	小六	Year 7 (first form)		中学
12—13 岁	初中	初一	Year 8 (second form)		中学
13—14 岁	初中	初二	Year 9 (third form)		中学
14—15 岁	初中	初三	Year 10 (fourth form)	GCSE 中学文凭	中学
15—16 岁	高中	高一	Year 11 (fifth form)	GCSE 中学文凭	中学
16—17 岁	高中	高二	Year 12 (sixth form)	A-Level	大学预科
17—18 岁	高中	高三	Year 13 (sixth form)	A-Level	大学预科

第四章

拿下那本"企鹅"准没错

Pick up a Penguin

我们家的书一只手就能数得过来：一本自助医疗手册，节省医药费的居家必备；一本看起来又笨又丑的小字版印刷字典，偶尔用来应付需要写正式信件的场合；一卷厚厚的百科全书，我估计一定是 20 世纪 30 年代报纸商为了吸引客源给的赠品；还有一卷《伊索寓言》，外观看着很顺眼，令人一见倾心，用的还是质量很好的厚纸，配有精美的彩色插图，我的母亲总给我读上面的故事，而我则一边听一边看图。《伊索寓言》是我爱上的第一本书。

从 1941 年开始，也就是我 6 岁多的时候，每到圣诞节我都会收到 3 份"特大号绘图年刊"（Bumper Annual），就是一大摞表面粗糙、几乎有硬纸板那么厚的纸，上面密密麻麻都是由黑白线条印成的画，你可以把其中一部分涂上颜色或者补充完整。我用蜡笔给画上色，不管原本需不需要涂，所有地方都被我涂满了。我只能做这个，因为 9 岁之前，我根本无法正常阅读。我能读懂个别单词，但是把单词变成句子、把句子变成段落的技巧我却始终无法参悟。直到我 9 岁生日后的某个夜晚。当时我正盯着从学校带回家的一本书里的图片。突然，所有东西一股脑儿聚集到一起，有各种声音在我的脑子里说话。其中一个声音在讲故事，其他声音则是故事里的人在互相交谈。有那么一小会儿，我被吓到了，当然也很震惊，就像一本书里的陌生人突然闯进你的脑海，招呼都不打一声。那一刻至今仍历历在目，兴奋之情溢于言表，那么新鲜，那么刻骨铭心。我的父母当时也在房间里，母亲注意到我的变化，并立刻就意识到那意味着什么。"这个时候他在那儿干什么呢！"我记得父亲这样说道。

而母亲则回了他一句："闭嘴，你这个傻瓜，你看不出来他那是在干什么吗？"我当时的举动绝对让母亲长舒了一口气，因为老师担心我拖后腿，我的家长总是灰溜溜地去开家长会。但即便是这样，当时的我仍然算不上流利的阅读者。

10个月后，猩红热让我真正完成了这一转变。1944年12月27日，我10岁生日的时候不巧得了这种病。在那个年代，患猩红热需要上报并被送到医院隔离3周。当我结束隔离回到家时，我的祖母——家里唯一受过教育的阅读者——给我准备了一份欢迎礼。这是一本"海雀（Puffin）版"的《沃泽尔·古米奇历险记》，芭芭拉·尤芬·托德著，伊丽莎白·奥尔德里奇（Elizabeth Alldridge）绘。我当时还不了解，直到多年以后才知道那是1941年12月"海雀故事书系列"（Puffin Story Books）问世的首批作品，自然也无从知晓"海雀品牌"这一出版界现象级产品的重要意义，更无法预见到它的母公司——企鹅出版社即将在我的教育和个人成长中占据一席之地。我怀着童年特有的无忧无虑，为终于回到家而雀跃不已。在那个阴雨绵绵的寒冷的1月，坐在惬意又熟悉的客厅炉火旁，享受被人呵护的康复时光，我很自然地做了一件事：看书上的图片，仔仔细细地依次浏览，从封面看起，一页接着一页，一直看到封底。（我不知道这种习惯从何而来，只是觉得如果刚拿到一本书却不按照装订顺序看，多少属于可耻的行径，是对一本书的不公正对待，或者至少会让作者失望。）

其中一幅插图前所未有地引起了我的关注：那是一张占据整个页面的插图，画的是苏珊坐在农舍的厨房里，用一只大勺子吃布丁碗里的东西。战时医院的食物少得可怜，既单调又重复（我从医院解放出来之后告诉母亲的第一件事就是，我再也不想吃大米布丁了——当时我一天吃一次，有时还要吃两次），所以我很好奇苏珊在吃什么。她为什么要用布丁碗？我母亲反对用布丁碗吃东西。我唯一的一次被允许吃布丁碗里的东西，是因为妈妈为了给我做最喜欢的海绵蛋糕准备了巧克力馅，我把布丁碗里残留的巧克力馅刮出来，不是用大勺子，而是用我的手指。

　　想要知道答案只有一种办法——读故事。于是我读了起来。那是我第一次从头到尾把一本书读完，而且根本没想过停下来。也是第一次那些印刷文字如此顺畅地涌向我，我甚至没有注意到这一点，只知道我脑海中的剧院正在上演一个故事，这个故事就在我的脑中，我也在这个故事中。那真是一个天堂，拥有比我的日常生活更充实、更有生气、更丰富的内容，是一种充满意义的生活。

　　而那种生活也并没有局限在书本里。当我看到描述苏珊和布丁碗的情节时，发现她吃的原来是"牛奶泡面包"。她和哥哥发现了沃泽尔·古米奇之后，浑身湿透地穿过田野，大人为了防止她感冒，就给她吃了这个。于是我停止阅读，花了相当长的一段时间向母亲解释，我必须来点儿"牛奶泡面包"，就是现在，必须吃，而且必须要用一只大勺、用布丁碗来吃。我不记得母亲对我的要求提出了任何反对，或许因为她唯一的孩子被送回了她的身边，即使是再奇怪的想法她也愿意满足吧！我确实记得自己坚持必须要用那种大个儿的公勺，因为再没有其他勺子能像插图里的勺子那么大了。

正因为如此，《沃泽尔·古米奇历险记》不仅成为第一本我从头到尾读完，其间不想停止阅读的书（也不希望这个故事结束），也是第一本我一边吃一边读的书。当天我并没有读完（我读书很慢，是逐字逐句地读，现在依然如此），于是它又成了第一本我在床上自己读的书，第一本让我起个大早继续读的书。还有，它是我第一本重读的书，又从头读到尾，而且是刚刚看完第一遍就重新开始读。不知为何，我还记下自己读了几遍。在后来的两年时间里，我一共读了 13 遍。

在我第一次读《沃泽尔·古米奇历险记》的 4 个月后，我们搬到了另一个镇子上。我们家马路对面住着一个和我年龄相仿的男孩。因为距离近，而不是因为比较合得来，我和他成了朋友（或者更准确地说，因为我一向害羞，是他和我交朋友）。艾伦喜欢读书。我不能说他是一个对书充满热情或者特别有想法的读者。事实上，他属于那种由父母培养出来的读者，喜欢在没有其他更好的事可做的时候读点故事打发时间。当然他们大多数时候都无事可做，因此他们所说的"为乐趣而阅读"是指在睡前、周末和假期的空闲时间进行阅读。因为是被培养出来的读者，所以艾伦认为我和他一样经常读书，而且他还会出于他们这类人的习惯把自己最近正在读的书推荐给我，让我也读。当时，他推荐给我的是里奇马尔·克朗普顿（Richmal Crompton）的《捣蛋鬼威廉》（*Just William*）。我读了，只是没有那么深刻的感触，没有当初促使我一次次重读《沃泽尔·古米奇历险记》的那种冲动。不过，在后来的分享中，我和艾伦被威廉·布朗（William Brown）的冒险故事逗得哈哈大笑。

我们还互相给对方读书中的段落，听起来比我们自己读的时候还要滑稽可笑。从中我意识到，与他人分享阅读心得，能收获更多阅读乐趣。

就这样，我以同样的方式读完了其他关于威廉·布朗的故事和整整一书架的"比格斯系列（Biggles）冒险故事"。此外还有一大堆其他的书，大多数书名现在我已经忘了。我倒希望自己当时能有记录。但直到"发现企鹅的伟大时刻"到来之前，我都没想过要这样做。很快艾伦就吃惊地发现，我不仅不是镇上公共图书馆的会员，甚至都不知道还有这种机构存在。于是艾伦把我入会作为我们继续做朋友的条件。图书馆这种地方让我害怕得要命，如果不是艾伦陪着我，强迫我，威胁我，我根本不会进去。这里看起来真是太大了，而且带着一种令人望而生畏的神秘气息，寂静得就像墓地。再说，你该如何从坐在高台后面的那个女人的眼皮底下穿过去？就算顺利通过，你又怎么知道要从一排排像列阵一样耸立的书架上，从书脊一律朝外的各种书里找些什么？艾伦向我展示了如何完成这一壮举——当然这是在家长签署入会申请表之后的事。（"他们为什么要知道这些？"父亲问道，他对当地政府的表格表示怀疑。"天哪，后面还写着关于罚款的规定呢。你可要当心，听到了吗？"）

我可以肯定一点：如果不是艾伦和公共图书馆，我就只能永远停留在《沃泽尔·古米奇历险记》阶段。每周和艾伦一起去图书馆其实相当于培养一种习惯。既然去了，总要借点儿什么看。（我甚至觉得如果不这样做就会被图书馆员训斥。）因为艾伦希望我们能彼此交换书来读，以便一起讨论，于是我也会读他借的书。就这样一周又一周，我们坚持了两年。

选书的流程如下：我们去图书馆，一进去就分头行动，免得因为在一起禁不住聊天而挨骂。我们一次可以借两本书。通常情况下每个人心里至少有一本想借的书，比如，"我这次要再借一本威廉的书"，或者时下流行的什么书。但我们也要找点儿新鲜的内容。因为是分开行动，所以我不得不独立寻找自己想读的书。在那个年代，图书馆里的书通常都采用厚重的封皮，就像军队作战服一样：坚固耐用，不易损坏，黑色、深蓝色、绿色和棕色的书皮仿佛士兵的伪装，为的就是与周围环境融为一体。书脊上分列着书名和作者姓名，字体整齐划一，没有表明级别或归属的明显标志。能不能被发现就全凭你自己的本事了，士兵。

儿童读物区并没有那种萧杀肃穆的架势。但是那里的书没有防尘纸，封面上也没有任何关于内容的提示，偶尔印着单色装饰图案或配画，绝对不像现在这样注重形象包装，也绝对没有任何推介文字能显示故事梗概或者印着出版商的宣传广告。你能看见的只有书名、作者和这本书有多少页。然而正是在这段时间，我第一次顺利地发现了《金银岛》、兰塞姆（Ransome）的《布尔河畔的黑鸭子》（*Coot Club*）和《侦探六人组》（*The Big Six*）[受此影响，我和父亲还在诺福克湖区（Norfolk Broads）进行了一次"兰塞姆灵感之旅"并自学帆船驾驶技术]、《汤姆·布朗的求学时代》、塔尔博特·贝恩斯·里德的《费斯加斯的公鸡学院》、《斯托凯和他的伙伴》、《爱丽丝漫游奇境》（*Alice's Adventures in Wonderland*）、《船长随时待命》（*Masterman Ready*）、《祭司王约翰》（*Prester John*），以及《柳林风声》（*The*

Wind in the Willows）——最后这本书在相当长的一段时间里我每年都要读一次，直到 20 多岁。［但尚未发现比阿特丽克斯·波特（Beatrix Potter）、伊妮德·布莱顿（Enid Blyton）、伊迪丝·内斯比特（Edith Nesbit）等作家的作品，以及《秘密花园》（*The Secret Garden*）和其他许多童年必读读物。时至今日，每每想起仍令我深感遗憾。］

我 11 岁到 14 岁的那段时期，曾深深着迷于大自然并怀有一个浪漫的想法：终有一天能跟随我曾祖父母那一代人的脚步去航海。所以我的第一步就是搜寻一些关于乡村或航海主题的故事。收音机在这方面也起到了一定作用。我经常听英国广播公司（BBC）"儿童时段"的一档节目，叫《和游牧者去流浪》（*Wandering with Nomad*）。它要早于后来电视上的自然探索类节目，就是大卫·爱登堡（David Attenborough）那类人做的节目。或许就连他本人也听过《和游牧者去流浪》吧，我是这样猜测的，因为他就是那种人。而有一个人出现得比"游牧者"（Nomad）还要早，他被叫作"吉普赛人"（Romany）。以上这些人物都以"童子军叔叔"的形象出现，带着一条狗和一个年轻的（男性）朋友——代表听众——出没于村野田间，探访各种动植物并向听众介绍。

"吉普赛人"（G. 布拉姆韦尔·埃文斯牧师，Reverend G. Bramwell Evens）和"游牧者"（诺曼·艾利森，Norman Ellison）都写过书，以各自的电台节目为蓝本创作不同系列的冒险故事。"吉普赛人"的故事配有精美的木版画，由滕尼克利夫（Tunnicliffe）操刀。具体情况我不太确定，或许是在我浏览图书馆书架的时候发现了它们。在这些书的影响之下，我徜徉于北约克郡的蒂斯河和斯韦尔山谷间，虔诚地将我目之所及的一切都记录下来，然后遵照"游牧者"在其中一次节目中提到的方式，把笔记誊写到我的"自然日记"中。这是我第一次亲笔撰写自己的作品。为确定我的做法完全正确，我还给"游牧者"写信寻求更多建议。不到一个星期他就回信了。回信的文字书写紧凑，写在一张明信片的背面，明信片上是他曾漫步过的风景。这是我唯一写过的一封粉丝信件。现在我能想象他当时每周收到的邮袋会有多大，给粉丝回信会多么辛苦。艾利森对读者和听众表现出的关心与热情令我由衷敬佩。

我对书籍表现出的新兴趣，意味着我的圣诞节和生日（两个日子正好连在一起）礼物中又多出了一些指定读物。威廉、比格斯和"游牧者"就这样走进了我的生活，成为我个人图书馆的开端，也是我在自然旅行中使用的身份证明。还有那些漫画周刊，如《比诺》（Beano）和《丹迪》，也是艾伦介绍给我的。作为独生子，我性格腼腆，喜欢独处，被带到小镇上生活令我郁闷不已。因此阅读对我来说，我想，是注定会做的事。但在上文提到的那段时间里，我却从不曾有过这种想法。那只不过是某件我要去做的事，就像每周我都要去看两次电影，去一次音乐厅、一次剧院，以及听广播一样。我知道我喜欢阅读，但和其他事情相比，也并没有什么特殊之处。如果有人问我，我甚至可能会说看电影是我最喜欢的事；我当然会觉得那最舒服——在想象中放松身心，绝对不会觉得是项苦差事。而阅读对我而言，往往是苦差事，即便内容扣人心弦、"可读性强"，也是如此。

对阅读从"稀松平常"到"尤为喜欢"的变化，发生在我14到16岁的几年间。那是因为一所学校、一名老师和一本特定的书。然而，在我讲述这件事之前，为了避免误解，我还要提一句：其实还有一些人在这种转变中发挥了作用。如果没有他们，就不会有这种转变。我的一位幼儿园老师安斯莉小姐每天都给我们大声朗读各种故事，还让我们把她读的故事表演出来。因此，我一直都记得她。在我10岁时搬到镇上去之后，也有这样一位小学老师，每天下午给我们大声朗读。我对她朗读约翰娜·斯比丽（Johanna Spyri）的《海蒂》（*Heidi*）印象尤为深刻。由于我没有通过"11+考试"[1]，所以我读的第一所中学是一所现代中学。在那里，英语老师弗雷迪·福克森（Freddy Foxon）经常给我们大声朗读，并定期给我们上游戏阅读课，我非常喜欢上这门课。他还给学生读诗歌，鼓励我们做剪贴簿，写一些作家的简短介绍。这一系列看似偶发的事件，却让我得以进入达林顿的伊丽莎白女王文法学校就读，遇见吉姆·奥斯本（Jim Osborn），以及发现那本"企鹅出版的书"。

1948年的时候我十三岁半，以插班生的身份被送进了镇上的文法学校。不只是我一个人，还有大约15名来自小镇几所现代中学的插班生。这是根据《1944年教育法》（*Education Act*, 1944）和达林顿教育委员会的决定做出的安排。达林顿教育委员会认为应当尽可能做到机遇与能力相匹配。吉姆·奥斯

---

[1] 译者注："11+考试"相当于中国的"小升初"考试，学生根据成绩分别进入文法中学、技术中学、现代中学。文法中学是私立学校，现代中学相当于普通公立中学。

本是当时学校的英语部主任，他严厉、机智、干练、审慎，且绝不轻易妥协。在他看来，文学阅读是教育的核心。刚开始给我上课的是英语部的其他老师。他只是偶尔才来，却令我眼界大开。他的个人魅力弥漫整个校园，就算不是他的学生，也会深受影响。

我第一次正式和他碰面是因为诗歌《忽必烈汗》（*Kubla Khan*）。吉姆大步走进教室（从来没见过他悠闲地散步、踱步，甚至包括正常地走路，他做每件事似乎都带着一种紧迫感），手里拿着一台电唱机。他插上电源，打开电唱机，把唱片放在唱盘上，那对内斜的双眼透过酒瓶底厚的镜片紧紧盯着我们，然后说："听。"接下来他把唱针放在唱片上，随即播放出来的声音在我们这群昏昏欲睡的学生听来，就像是外星人的语言。4秒钟后，他抬起唱针，指着离他最近的男孩说："把你听到的重复一遍。"这个男孩答不上来。吉姆环顾了一下全班，没人接话。"听。"他又说了一遍，强调的语气让人畏惧。又是4秒钟的外星语。他再次环顾全班，没有动静。紧张的气氛让空气都凝结了。接下来他放了8秒。可是没有人能重复哪怕一个音节。一个男孩哭出了声。太难了。吉姆把一套书发给我们，嘴里硬生生挤出一个页码。"再来，听。"我们听到的是：

忽必烈汗在上都建造
富丽堂皇的穹顶宫殿……

吉姆亲自给我们朗读这首诗，又让我们中的一两人试着读开头几行，再用电唱机继续播放。他问我们对诗有何感想，是否喜欢以及喜欢哪里，是否了解作者。他用自己的话讲述这个故事，让我们仔细聆听声律的编排。不取巧，不迎合，不带丝毫讨好的意思。只有一丝不苟、孜孜以求，以及相信我们一定会从中发现一些令人愉快且值得拥有的东西。

我不知道那一天，在那间教室里，还有谁和我一样。我只知道，当吉姆风一般地冲出教室，一只手提着电唱机，另一只手紧紧把书抱在胸前，黑色学术长袍（那时教员的规定着装）在他身后飘扬，我的世界也自此改变。词不尽意。语言是一条圣河，诗歌便是那沃土。所有书都变得和以前不一样了，再也不是我填补生活空白角落的消遣。

第二年，我们的英语课有一半的时间由吉姆来教，他的朋友和英语部副主任理查德·费尔贝恩（Richard Fairbairn）则接管了另一半。费尔贝恩富有同情心，有人情味，讨人喜欢，他是第一个将莎士比亚引入我生活的人。这两位联手，把阅读英国文学变成了一个人所能做的最好的事。

说到这里我想补充一点：从艾伦带我去图书馆开始，求学期间我每周都会从公共图书馆借书，后来还从文法学校的图书馆借书。我涉猎的作家，不仅包括前面提到的那些青少年读物作家，当我能够进入成年人阅览室之后，我还发现了巴尔扎克（Balzac）、伊登·菲尔波茨（Eden Phillpotts）、契诃夫（Chekhov）、帕梅拉·弗朗科（Pamela Frankau）、J.B. 普里斯特利（J. B. Priestley）、陀思妥耶夫斯基（Dostoevsky）、格雷厄姆·格林（Graham Greene）、屠格涅夫（Turgenev）。还有更多的作家作品，是我凭直觉随机从排列整齐的书架上抽出来的，时不时翻看几页，直至某一次我终于确认那正是我所需要的。通常情况下，我会和吉姆提到读过的书，他则会对我的选择发表一番见解。（有一次我的询问换来了一个令我终身难忘的答复："J.B. 普里斯特利可不是那种你想读就能读的作家。"）提到这一点，是因为我想强调免费的公共图书馆系统对我来说是多么重要。如果艾伦没有逼我进入图书馆，我是否还会经常阅读？如果我不经常阅读，是否还能在学校进步得那么快，最终被转到文法学校？如果我没有转到文法学校……

有些人永远地改变了我的生活，但如果没有学校和公共图书馆为我提供免费阅读的书籍，他们也做不到这一点——这些书由图书馆员根据他们的专业知识精挑细选，当时他们所秉承的信念就是：必须选择在他们看来最好的、过去和当下正在发行的图书。而在商业图书出版界也有这样的"图书馆员"，那就是艾伦 · 莱恩和企鹅出版社。

我不记得自己是如何开始买书的。我想是因为吉姆说应该这么做。我所知道的只是到我 15 岁的时候，我每周已经能从父亲那里得到 5 先令（25 便士）的零花钱了，我把其中一半用来买电影票，每周去两次电影院（我母亲偷偷塞给了我一些钱作为补贴），剩下的 2 先令 6 便士，毫无例外，全都花在了买书上。

买书对我来说是一种仪式。每周有几次我会利用午餐时间，比如周二和周四，从学校走上 10 分钟来到位于商业街的德雷泽（Dressers）书店，在那里浏览企鹅专区的书架。当时，企鹅平装本的定价在 1 先令 6 便士到 2 先令 6 便士之间。所有的小说都用标志性的橘色封皮包装，侦探小说用绿色，非虚构类的"鹈鹕"（Pelicans）用浅蓝色，传记类用深蓝色，等等。我从来没看见过"海雀"，估计是摆在店里其他地方。如今想起来也真是奇怪，我对《沃泽尔·古米奇历险记》如此钟爱，却浑然不知它也是一本海雀出版的书。或许这种事情还不止一件，我应该好好调查一下。我认为这恰恰证明我天生愚钝且缺乏好奇心。

与精装本不同，平装本都是码放成一摞，书脊朝外，从来不以正面示人。因此大家只能沿着书架（我记得大约就是两排书架，一共 8 到 10 层，不像现在这么多）浏览，按照书名和作者进行查找。过了一段时间，我对书架上有什么了如指掌，可以迅速挑出新上架的书，看看是不是自己想读的。其他上架早，却能在当天引起我特别关注的书，也会被我仔细观摩一番。当然，绝大部分书的封面上并没有图片，自然也没有什么耸人听闻或抓人眼球的东西。我还记得，当企鹅开始在封面上配图，并且不再使用橙色宽条纹设计和白底黑字的无衬线字体标题时，我大为恼火，认为这是一个极其糟糕的改变，沦落到了与潘恩（Pan Books）和科吉（Corgi）那种水平的出版社为伍的地步。

没有太多的封面宣传，也没有什么推荐语。书的封底通常只有一张小小的作者黑白照片，以及寥寥数语的介绍，总让我想要了解更多。我现在唯一记得的照片是伊夫林·沃（Evelyn Waugh），他头戴军官帽，一本正经地从书的背面盯着我。那本书一定是《故园风雨后》（*Brideshead Revisited*）或《衰落与瓦解》（*Decline and Fall*）。我在 1948 年版的《邪恶的肉身》（*Vile Bodies*）上看到过他身穿便服衬衫、领带和夹克的照片，他脸朝向左侧，头发梳得光亮，用了 30 年代流行的润发油。他的人物简介占据了封底的三分之二，所以我不知道自己对他身着军服照片的记忆从何而来。我无法核实这些细节。因为在 1960 年进入修道院时，所有的书都被我一并带了进去。而在 1967 年我离开的时候，那些书却没有被带离。这真是令我抱憾终身的一大损失。

但不知为何，我还一直保留着《动物庄园》（*Animal Farm*）。在扉页上签着我的名字，还写着购书时间"1953 年 8 月"。书的封面内页有一段简介，标题是"关于本书"（ABOUT THIS BOOK）。我觉得这在当时应该是通用做法，但却并不记得自己曾因为读过任何简介而决定该买什么。不过最合理的推断就是认为我确实曾这样做过。接下来，为了将当时的做法和现在的图书简介做个对比，我将此书的简介逐行抄录如下：

在这部以温和友善的口吻对独裁统治进行讽刺的作品中，乔治·奥威尔将斯威夫特（Swift）在《木桶的故事》（*The Tale of a Tub*）中日臻纯熟的技巧继续发扬光大。这是一部以失败告终的革命发展史，对于原始学说的每一步歪曲都能找到绝佳的借口。

农场里的动物们赶走了主人——农民，占领农场并决定由自己管理。这个尝试非常成功，除了一个不幸的事实：必须有人接替那个被驱逐的农民。领导职责几乎不由分说地落到了猪的身上，因为猪比其他任何动物都更聪明。可惜的是，猪的品格与它们的聪慧并不相称，故事主线的推进也正是基于这一事实。最后一章出现了戏剧性的变化，当改变真正发生，我们突然意识到这种变化其实从一开始就已注定。

一本非常有趣且充满智慧的书！

——《曼彻斯特卫报》（*Manchester Guardian*）

这本不长的作品，大约和《老实人》篇幅相当，完全可以把它比作对那个时代主流哲学的探索性评论。

——《笨拙》（*Punch*）杂志

我真希望曾在某篇日记里恰好记录下这类东西是否对我的购买有任何影响，可惜并没有找到。我唯一确切记得的就是作者的简介确实影响了我。（比如，仅仅因为我看到伊夫林·沃皈依了罗马天主教，便很想看看他的书。）

根据我每周的选书流程，周中的任务是勘察情况、品尝小样。而星期五则是重要的日子。我会在午餐时间做出最后的决定并入手一本书——有时是两本，只要攒的钱足够多。1953年的那本《动物庄园》只花了2先令，因此那一周我还剩下6便士。于是接下来的一周我或许能拥有两本新书，如果每本只要1先令6便士的话。

星期五的下午总是很难熬。新书就放在我的书桌上，可我一刻都等不了，只想赶紧打开看。一放学，我就飞速骑车赶回家，奔进我的房间。下午茶之前我有一个小时左右的时间。我首先会好好欣赏一番新书的外表，然后一页一页地翻开，从封面看到封底，再读一读除了内容以外的所有信息（包括版权页）。然后，我会试着读上几页，好让自己对这本书有一个大致的把握。但是，我故意不读太多，以免完全被吸引住而不想放下。喝完下午茶我通常会去看场电影。中场休息的时候，我会满怀渴望地想着我的新书，它就躺在我房间的桌子上，等我回来。如果这部电影不错，我也不想破坏看电影的乐趣，那么当天晚上我会直接上床睡觉，不读书。如果电影不好看，晚上我就会坐下来享受我的新书，直到困得无法坚持。在那之后的几天里，我会把黄金时段都用来读这本新书，一直到下个周五。当我读完一本书之后，我会把书名和作者写在我的"已读书目"中，并加上一句评论。（这种做法一直持续到我 20 岁，出于某种原因我不再继续，直到 1987 年才又重新开始记录。那时我才意识到，这么简单的记录我却没能坚持下来，是一种多么遗憾的错过！）

但我读书已经属于比较超前的了。之前提到的那个"发现'企鹅'的伟大时刻"是在 1950 年的某一天，我发现了《儿子与情人》。那是一个星期五，一套我从未听说过的 D.H. 劳伦斯的书突然出现在企鹅专区的书架上。（1950 年 3 月，企鹅出版社一口气推出了 10 本 D.H. 劳伦斯的合集，每本发行 10 万册。《儿子与情人》并不在此列。企鹅版的《儿子与情人》最早出版于 1948 年。我只能猜测，应该是这 10 本一套的新书送到德雷泽书店后，书店把《儿子与情人》也加了进去。）劳伦斯的这本小说立刻吸引了我的目光。因为我在心里暗自认定，叫这种名字的书一定会有性描写。千万别忘了那可是在 20 世纪 50 年代初，而我从 5 岁起就一直就读于男校，放眼望去很难看见女孩子。性是禁忌话题，学校不教，在家也从不讨论。那时的我就连看到电影里的接吻场面都会窘迫得冒汗。于是我怀着罪恶的心情买下了那本《儿子与情人》，满心期待能有更多享受出汗的机会。

当晚我便开始读这本书，接连读了好几个晚上。结果完全不是我想的那样，却和5年前的《沃泽尔·古米奇历险记》一样令我读得欲罢不能。原因很简单，这是我第一次读到写"我自己"的书。在那之前，我一直认为文学作品写的都是其他人的故事。吉姆·奥斯本为我们揭示的每一个道理都得到了印证。书籍、文学、阅读，都是关于发生在我身上的事。从作品中发现这些事，才让我意识到它们的存在，否则它们就不存在。我的生活就像令我痴迷的书中所描写的那样，骤然变得鲜活而生动了。而这都是通过印在书上的文字实现的。（并非任何形式的印刷品都能做到。杂志从来不会给我这种感觉，报纸不能，零散的宣传页也不能。只有装订成册的书籍才能做到。）

在那个深夜，当我第一遍读完这本小说时，我记得自己一边合上最后一页，一边在想："真希望我也能做那样的事。"意思是"真希望我也能写出这样的书"。我又转念一想："有何不可？"那一刻，我强烈地意识到自己下定决心，我是——不是我想成为，也不是我愿意成为，而是**我是**——一个作家。自那之后的很多年里，无论我又经历了什么，无论我又做了什么或者想做什么，只有在这件事上我的想法从未动摇、迟疑或改变过。

我和"企鹅"的接触不仅限于私人层面。文法学校的图书馆很大，由一群学生图书馆员管理，学校教员珀西·莫斯（Percy Moss）负责监督，他本人也是该校的校友。能够成为一名校学生图书馆员绝对是一项殊荣，不亚于进入校橄榄球队的"首发

15人阵容"或者校板球队的"首发11人阵容"。我不知道自己是怎么在最后两年受邀成为校图书馆员的，但我的确是。最后一个学年刚开始的时候，珀西问我是否愿意建一个"企鹅图书馆"作为主图书馆的独立专区。也许我每周都会购买"企鹅"图书已经人尽皆知，只是当时我自己并没有意识到。

从那以后，我每周都会从"企鹅"和"鹈鹕"品牌中挑选价值30先令（1.50英镑，足够买10到12本书）的书，拟定订单并从珀西那里领取一张相应金额的邮政汇票，在周四把它们寄给位于哈芒斯沃斯（Harmondsworth）的企鹅出版社。最迟在下周二之前这些书就能寄到学校。我打开包装，把它们记入分类手册和新增书目，用透明胶带加固书脊、封面和封底内侧，然后在企鹅专区完成上架。这些工作全部由我一人承担。我只会在觉得有必要的时候征求珀西的意见。每次我去找他要邮政汇票的时候，他都会看看我列的清单，和我讨论一会儿，但从不干涉我的选择。我从来没有听说过还有哪所学校会这么做，只觉得这件事稀松平常。但后来我才意识到原来这是多么富有想象力的教学手段，在那样一所绝不缺少灵感的学校才会存在。

无论如何，企鹅出版社在我的青春岁月里占据了相当重的分量。它为我引荐那些我从未听说过的作家和那些我从未读过的作品。即便有些书我曾经听说过，但如果不是企鹅出版的，我也不会读。因为在那个年代人们不知出于何故，就是坚信：企鹅出版的任何书不仅值得一读，而且应当一读。我完全信任它的书单，就像我完全信任吉姆一样，深知这两者都能把我带到我自己无法到达的地方，深知这两者都懂我的喜好并且了解我想知道什么。我曾那么喜欢企鹅出版社的书，喜欢它们的尺寸、外观、感觉和版式。它们曾经是优雅的、民主的、平易近人又极具吸引力的，而且价格合理。我曾为它们自豪，也曾为拥有它们而自豪。然而现在一切都变了。哪里还能提供那样的书单呢？我只要一看到那标志性的封面、橙色的粗条纹和特点鲜明的无衬线字体，我的青春仿佛就能立刻满血复活，再次提醒我欠这个出版界的传奇一个多大的人情。它是我的国家最好的那一面的化身。而且只要它想，仍然可以是。只不过就目前来看，它正背转身去，渐行渐远。

第五章

为外国文学翻译作品正名

In Spite of Being a Translation

他是一名大二的学生。3 个小时的儿童文学专题研讨课即将结束，这是本专题的第三次课。大家利用最后一点儿时间浏览摆放在教室里的书籍。他取出其中一本，是莫德·鲁特斯韦德（Maud Reuterswärd）的《我的名字叫诺亚》（*Noah Is My Name*）。他回到座位上开始翻阅，大约 5 分钟后他站起身，把书重重地放在桌子上，转身去翻别的书。

下课后我问他对《我的名字叫诺亚》这本书的看法。没有太多想法，他这样表示，这本书是瑞典的。一点儿不好吗？这个嘛，不，并不是说不好，但他认为"我们"的孩子不会喜欢。为什么不喜欢？"没法翻译出文化内涵。"（这是他的原话。）这是什么意思？他说，里面提到的货币和诸如此类的东西都是瑞典的，而且里面说的事情"我们"并不希望让"我们"的孩子看到。比如什么呢？比如那个小男孩，7 岁的诺亚，坐在浴室里的马桶上，和正在洗澡的妈妈聊天。这有什么不对吗？"我们不会那样做啊！还有一个场景，描写的是妈妈赤身裸体地抱着她的宝宝，而诺亚就在旁边看着。"他认为不应该让"我们"的孩子在故事书里看到裸体的女人。而且，虽然这个故事讲的是一个 7 岁的小男孩，但其实它看起来完全不像给 7 岁孩子看的书，更像给 10 岁或者更大的孩子看的书，但那个年龄段的孩子并不会对一个 7 岁小孩的故事感兴趣。因此无论如何，这本书也不会有什么人想读。

不管怎样，他都不相信这本书有什么可取之处或者适合英国儿童阅读。其实罪魁祸首是所谓的陌生感。这种偏见从何而来？那个 19 岁的师范生究竟是从哪里学到"翻译文化内涵"这种说法的？可以肯定的是，他的态度并不罕见。即便是在年纪较大、思想更成熟、更专业的读者中也存在——然而他们理应"更了解情况"才对。让我举一些例子。安西娅·贝尔（Anthea Bell）是英国最优秀的德语和法语译者之一。她最著名的作品包括与人合译的系列故事"高卢英雄历险记"（Asterix），然而我很怀疑喜欢高卢英雄系列故事的英国人中，究竟有多少听过她的名字。她曾提到这样一件事：

最近（1984年），独立电视台的《书塔》节目（The Book Tower）播出了由涅斯特林格夫人（Frau Nöstlinger）创作的儿童奇幻漫画《罐头里的小孩》（Conrad）改编的舞台剧片段。主持人带着歉意——事实上并不准确——提醒年轻观众"原作来自荷兰"，语气中透露的担忧就像是在说，它的异国出处本身就足以令人犹疑。"不过别担心，"他又提起精神补充说，"你们可以读英文版。"好吧，没错。这就是翻译和译员的用处。

这种现象并不局限于英国。美国知名的童书出版人多萝西·布里利（Dorothy Briley）写道：

一本书封面上只要有"译自……"这样的字眼，儿童书籍评论家和购买者就会自动在心里把这本书归入异类。每个童书出版人都知道，"异类"这个标签意味着"我很欣赏但我不买"。通常来说，出版译作比出版本土作者写的书要面临更多的风险。

作为翻译类书籍的出版人，我可以证明此言非虚。以下这段评价所提到的作品是知名荷兰作家兼艺术家维姆·霍夫曼（Wim Hofman）的《捉迷藏故事集》（*A Good Hiding and Other Stories*），由兰斯·萨尔维（Lance Salway）翻译。

（这些故事）（我）只推荐给本年龄段中较大的孩子（或者更大的孩子）阅读，不是因为语言（尽管是一本译作，但其中的文字堪称言简意赅的典范），而是因为这类题材（死亡、核战、霸凌和误解）要求读者具备更加成熟的人生观。

为什么要说"尽管是一本译作"？为什么在评论和参考书目信息中没有任何地方提到译者的名字，特别是考虑到刊载这篇评论文章的杂志是面向学校图书馆员的？（关于题材的问题我稍后还会谈到。）伦敦《观察家报》（*Observer*）专栏作家迈克尔·伊格纳蒂夫（Michael Ignatieff）指出，在书评中提到译者的情形真是少之又少，并补充道：

他们从事的是隐身的职业，只有犯错时才会被人关注。但他们也是推动文化巨变的无名英雄：拓展了我们的眼界，令我们得以一睹那些伟大作品本来的风采。……在探讨多元文化教育时，重点不在于不断重申每个人的民族、种族或性别身份，而是恰恰相反：我们要让每个人脱离自己的皮囊，让每个人走进别人的生活，走进别人的内心。这就是那些伟大作品的意义：迫使我们所有人努力成为译者，从我们所熟知的单薄的语言，走进这些作品所运用的那些伟大而厚重的语言中去。

就儿童书籍而言，英语出版内容（在英美国家）占主流才是问题所在。1974 年的统计数据显示，在德国出版的儿童书籍中 30.5% 为译作。（同年，22.9% 的纯文学作品和 1.9% 的教科书为译作。）在我的印象里，这个比例很常见，在其他欧洲国家也大致如此。在荷兰和瑞典，这一比例甚至高达 40%。相比之下，即便是在译作出版数量较多的年份，英国图书市场的译作占有率也不到 3%，现在则更少。这其中不包括国际合作出版的绘本（这些绘本吸引眼球之处通常不在于寥寥几个字的内容，而在于满眼的图片和能够批量彩印的商业优势）。这也体现在不同的时代上，1991 年安徒生出版社（Andersen Press）的克劳斯 · 弗拉格（Klaus Flugge）感叹道：

我们最受尊敬的编辑之一朱莉娅 · 麦克雷（Julia MacRae）……在三年前出版了她经手的最后一本译作。除了精装书的销声匿迹和图书馆数量锐减带来的影响，麦克雷还认为这要归咎于过去十年来形成的仇外风气……就在最近，我极不情愿地决定停止出版涅斯特林格和雅诺什（Janosch）的书，尽管他们都是蜚声国际的作家。令人遗憾的是，在 1993 年计划出版的 42 本书中，安徒生出版社今年只会出版一本外国小说。

尽管仇外情绪或沙文主义偏见确实是问题的核心，但造成这种状况的原因不止于此。伊格纳蒂夫在使用"伟大作品"这个词时，他脑海中想到的并非是流行一时的消遣小说译作。如果列出一份"成人"译作原作者的名单，我们（不是作为个人的"我们",而是指我们的共同文化)无法忽视的名字包括：写《伊索寓言》的伊索；写小说的豪尔赫·路易斯·博尔赫斯（Jorge Louis Borges）、契诃夫、伊塔洛·卡尔维诺（Italo Calvino）；写《堂吉诃德》（*Don Quixote*）的塞万提斯（Cervantes），科莱特（Colette）；写《神曲·地狱篇》（*Inferno*）的但丁（Dante），陀思妥耶夫斯基，玛格丽特·杜拉斯（Marguerite Duras），福楼拜（Flaubert），歌德（Goethe）和格拉斯（Grass）；写《奥德赛》（*Odyssey*）的荷马（Homer）；写戏剧的易卜生（Ibsen），卡夫卡（Kafka）、川端康成（Yasunari Kawabata）、米兰·昆德拉（Milan Kundera）、洛尔迦（Lorca）、普里莫·列维（Primo Levi）、莫泊桑（Maupassant）、莫里哀（Molière）、哈里·穆里施（Harry Mulisch）、普鲁斯特、乔治·佩雷克（Georges Perec）和西默农（Simenon）、司汤达（Stendhal）、托尔斯泰（Tolstoy）、玛格丽特·尤瑟纳尔（Marguerite Yourcenar）、左拉（Zola）。

以上远非全部。现在你们或许会说："还有某某呢？"你们可能会注意到很多女性的名字没有出现，或者想要增加更多的书名，比如基督教的《圣经》和各种民间故事，比如因为佩罗（Perrault）和格林兄弟（Brothers Grimm）我们才耳熟能详的那些故事，还有柏拉图（Plato）、康德（Kant）、叔本华（Schopenhauer）、维特根斯坦、西蒙娜·韦伊（Simone Weil）和老子（Lao Tzu）等思想家的著作。这些统统都是经过翻译后才被我们所了解，并至今仍在影响着我们的作品。这里面还缺少许多我们无法回避的著名诗人和科学家。只有这样看，我们才会意识到，英语文学中竟有如此之多的内容其实根本不属于"我们"，而我们又是多么依赖于互通有无，并因此是多么依赖于翻译，才能让我们的语言和文学，让我们日常生活中那些鲜活、丰富、具有创新力的东西远播四方。

现在我们用儿童读物再来玩一次这个"伟大作品"的游戏，是否也能得出一个类似的名单？伊索的寓言并不是主要写给孩子看的，但却成了儿童的必读书。与之类似的还有汉斯·安徒生（Hans Andersen）的故事、希腊神话、《一千零一夜》（*The Arabian Nights*）、佩罗和格林兄弟的故事。继续添加，还有让·德·布吕诺夫（Jean de Brunhoff）的作品、卡洛·科洛迪（Carlo Collodi）的《匹诺曹》（*Pinocchio*）、圣-埃克絮佩里（Saint-Exupéry）的《小王子》（*The Little Prince*）、塞尔玛·拉格洛夫（Selma Lagerlöf）的《尼尔斯骑鹅旅行记》（*The Wonderful Adventures of Nils*）、托芙·扬松（Tove Jansson）和她轻松有趣的"姆明一族"系列故事（Moomins）、埃里希·凯斯特纳（Erich Kästner）的《埃米尔擒贼记》（*Emil and the Detectives*）、阿斯特丽德·林格伦（Astrid Lindgren）和她的不朽佳作"长袜子皮皮"系列（Pippi Longstocking）、莱纳·琴姆尼克（Reiner Zimnik）的《蓝帽子的起重机》（*The Crane*）、安娜·洪（Anne Holm）的《我是大卫》（*I am David*）、阿尔·普罗伊森（Alf Prøysen）笔下的"胡椒罐夫人"（Mrs Pepperpot）、约翰娜·斯比丽的《海蒂》、约翰·怀斯（Johann Wyss）的《海角一乐园》（*Swiss Family Robinson*）。

至于那些原本并未被视作"儿童作品"的民间传说、神话故事，给我们留下的印象和受重视程度则要弱一些。不过，上文提到的女性更多了，毕竟我们看到了"灰姑娘"（Cinderella）

等诸如此类的文学作品。那么，我们是否就可以据此假设，世界上还有一份尚未被译成英语的"伟大作品"名单呢？德国人与荷兰人、法国人与意大利人、西班牙人与希腊人、挪威人与匈牙利人、俄罗斯人与斯洛文尼亚人，他们是否在共享着某个儿童经典文库，而我们却对此一无所知？对此我持保留意见。

事实上，自 18 世纪开始逐步发展起来的儿童读物，不再只是单纯的教育工具，而变成了一种独立的艺术形式。一直以来，英语作品在这方面的数量和持久性上都占有支配地位。直到现在，仍有一些语言尚未出现大量面向青少年的作品；还有一些语言虽然有相关作品，但比英语作品出现得晚很多。这里提供一条令人费解的"经验法则"：寒温带气候国家是儿童读物的高产地区，气候越温暖，儿童读物的出版量就越少。再有就是南北分隔线。这其中既有经济因素作祟，也有深层次的文化原因。但现状也在迅速变化着。意大利方面，尽管除《匹诺曹》之外一向无法在儿童文学领域与英国相提并论，但目前当地的童书出版业正在茁壮成长（他们还在大量购买外语作品的翻译版权）。另一方面，我很好奇拥有悠久的青少年文学创作传统的俄罗斯目前状况如何。早在 1916 年，帕鲁斯（**Parus**）出版社 [1] 就设立了儿童部，早于英国同类细分编辑业务。科尔涅伊·丘科夫

---

[1]　编者注：帕鲁斯出版社的创始人是高尔基，高尔基不仅是杰出的作家，也是杰出的出版家、编辑家，他创办了"知识"（Знание）、"帕鲁斯"（Парус）、"世界文学"（Всемирная литература）三家出版社，当时正是世纪之交的大动荡期，俄国社会处在内战和第一次世界大战之中，高尔基心怀苍生，希望传播新文化，启蒙救世，同时也借此发现和培养青年作家。其中，帕鲁斯出版社的方向是儿童读物，目的是实现美育、德育和公民教育。

斯基（Kornei Chukovsky）[1] 是当时的负责人。后来他也创作了很多儿童文学作品，其中大部分是诗歌。这种形式在俄罗斯非常流行。他凭借这些作品被全国的男女老幼熟知，被称为"楚卡莎叔叔"。好人缘后来在他差点儿丧命时救了他，因为当时他试图帮助正遭受迫害的索尔仁尼琴。他还写过《从两岁到五岁》（*From Two to Five*），这是研究儿童语言和故事的经典著作之一，但美国出版的英译本着实无法令人满意。在这本书中，他十分推崇童话和荒诞故事的重要性，而这样做在当时的政治形势下是"错误"的，甚至可以说是十分危险的。

但我也认为，如果非说肯定有满满一书架的外国童书经典作品等待我们译成英文，情况确实也不至于此。真实的情况是，我们拒绝将大量新近出版的优秀外国作品翻译成英文，而它们正被翻译成其他各种语言出版。1989 年，自从我和大卫·特顿（David Turton）成立特顿与钱伯斯（Turton & Chambers）出版社并专门出版译作后，我就开始仔细研究市面上可以找到的荷兰语、北欧语、德语和法语作品。我不明白当时我们计划出版的那些作家——彼得·波尔（Peter Pohl）、泰德·范·利斯豪特（Ted van Lieshout）、维姆·霍夫曼、乔克·范·莱文（Joke van Leeuwen）、伊梅·德罗斯（Imme Dros）、莫德·鲁特斯韦德、格特·洛舒茨（Gert Loschütz）和克劳德·古特曼（Claude Gutman）——他们为什么没有早点儿被我们找到，以及为什么托摩脱·蒿根的书至今只有一本被翻译出来［《夜

---

[1] 编者注：科尔涅伊·丘科夫斯基，全名科尔涅伊·伊万诺维奇·丘科夫斯基（Корней Иванович Чуковский，1882—1969），俄苏诗人、出版家、评论家、翻译家、文学研究学者。

鸟》（*The Night Birds*），1985 年由柯林斯（Collins）出版社出版，现已绝版］。这些作家的写作水平可以与英美任何作家相媲美，而且他们的作品在性质和技巧上都极大地拓展了儿童和青少年文学的范畴。有些作品在题材或处理手法上十分超前。据我所知，这也是它们没有被翻译出来的原因之一，因为英译本的出版商担心这些作品的内容会引起人们的过度不快，让原本就销路不畅的翻译作品更加无人问津。

如此便陷入了左右为难的境地。在我们自己已经创作出大量作品的领域，再翻译同类作品是毫无意义的。举例来说，我们有很多原创的青少年浪漫故事，又有什么必要再翻译一部平淡无奇的外国作品呢？就算不引进，我们的周围也已经充斥着这样的平庸作品了。

同理，在我们已经很擅长的创作领域，翻译更多作品确实没有必要，除非译作能为这一体裁增添新元素。英国文学长久以来备受推崇的一类作品就是能说会道的小动物的故事，其中不乏经典之作。比如《柳林风声》和《原来如此的故事》（*The Just-So Stories*）。《小熊维尼》（*Winnie-the-Pooh*）将这种类型扩展到会说话的玩具动物故事。特德·休斯（Ted Hughes）在《真相是什么？》（*What is the Truth?*）一书中则将这种类型向另一方向扩展。这些书在题材和质量（无论评价如何）上都给人留下了极其深刻的印象。要翻译任何新作，也都必须达到这个水准。而截至目前，除了荷兰作家图恩·德勒根（Toon Tellegen）最近写的书以外，我还没有读到其他符合要求的外语作品。

然后就是内容问题，前面已略有提及。来自异域文化的书之所以如此有趣，原因之一就是它们的世界观与我们不太一样——不同视角、不同的态度以及假设，其中就包括对"什么适合儿童了解和阅读"的假设。正如迈克尔·伊格纳蒂夫所说，是差异让我们"脱离自己的皮囊……走进别人的生活"——一种文化上与我们不同的生活。差异才是最重要的。这就是选择翻译一本书的首要价值和关键理由。然而出于意识形态上的禁忌，我们在孩子周围竖起保护屏障，结果却适得其反。

还记得那个大学生，还有诺亚和赤身裸体洗澡的母亲对话的场景吗？"我们不会那样做啊！"（就像所有批评行为一样，这种说法与其说让我们更了解这本书，不如说让我们更了解批评者本身。他还陷入了一个我们经常遇到的陷阱：把完全属于他自己的反应大而化之地概括为"我们"的反应，自以为是地代表所有同胞发言。）现在，我面前就有 10 本在我看来值得被翻译成英语出版的书。它们在自己的国家都被认为是为年轻读者创作的文学典范，堪称当代最为优秀的作品。但我知道它们的销路不会很好——收益远远无法覆盖其制作成本——因为它们恰恰汇集了所有在英美和澳大利亚（尽管不那么严重）被视为"太冒险"的题材和非常少见的叙事形式（通常会被神经紧张、视野狭窄的读者称为"难读"）。

但令人感到鼓舞的是，上述界限并非一成不变，而是在逐渐松动，大多数时候极其缓慢，时而会加快速度。尽管存在我所提到的这些以及其他尚未触及的问题，但我确实相信，在英国，特别是在澳大利亚，有迹象表明越来越多的教师和图书馆员开始关注我们存在的孤立主义倾向，关注我们对"外国作品"的偏见，正在打算为此做些什么。事实上，英国国家课程是要求学生接触国外文学作品的。但是，如果说有什么重要的问题亟待解决的话，那就是必须提供足够多样化的外国作品，才能满足各种各样的读者需求和阅读体验。而且，负责这件事的成年人——尤其是教师和图书馆员——自己必须了解这些书。

我所关注的，是创作和出版那些"不一样"的书，它们拥有属于自己的声音和表达方式，拥有鲜明的个性和思想。困难的确很多，但必须有人尝试去解决。

现在来说一说翻译本身的困难。想象一个简单而直白的故事，比如寓言故事。列夫·维果茨基（Lev Vygotsky）在《思维与语言》（*Thought and Language*）中写道：

在翻译"蚂蚱和蚂蚁"（The Grasshopper and the Ant）这则寓言时，克雷洛夫（Krylov）用"蜻蜓"代替了拉·封丹（La Fontaine）原作中的"蚂蚱"。因为"蚂蚱"在法语里是阴性词，很适合体现轻松愉快、无忧无虑的心态，然而俄语里的"蚂蚱"却是阳性词，如果直译就无法体现个中的细微差别，最后克雷洛夫选定了"蜻蜓"（在俄语里是阴性词），他放弃了字面上的对应，而选择了能够体现拉·封丹创作构思的语法形式。……有时，一个语法细节可能会改变作者想表达的整个意思。

安西娅·贝尔认为："译者应该追求传神，而不是字意对等。"她解释说，表面看来的小问题也可能成为影响文本精髓的大问题：

例如时态问题，特别是"历史现在时"这个有趣的时态。英语不像我主要翻译的其他语言那样，能在叙事的过程中实现从"历史现在时"跳到"过去时"再跳回"历史现在时"的无缝衔接。在连续的叙事中，一旦你选择使用"历史现在时"，大部分情况下你就必须一直使用这个时态，其他所有地方使用的时态（如条件句里）都必须与其保持一致，除非你打算进行实验性创作。但如果不是为了体现原作者作品具有的实验性质，译者是不该越俎代庖的。翻译儿童文学和成人文学在方法上本无太多区别，但我发现，以上问题恰恰算是其中一个……

各种不起眼的词类和代词可能是最棘手的。英语是一种不再具有词性的语言；但法语和德语还保留着词性。这一点显而易见，自不必说。但正因为如此，如果碰到源语言里具有词性的名词，你必须要在译文里用一个词来体现出是男"他"、女"她"还是动物"它"（当然也包括选择与之对应的代词），但英语中又偏偏没有能够体现性别的名词，那你就必然会为整个概念增加额外的意义。（例如）太阳和月亮。我们倾向于认为"moon"（月亮）代表阴性，几个世纪以来，我们的诗人也一直是这么理解的。《简明牛津英语词典》（*The Concise Oxford Dictionary*）明确地将"she"（她）解释为"前文提到过的女性（或拟人化的阴性事物，如月亮……）"。然而在依然具备词性的古英语时代，英语的"moon"（月亮）却是阳性词，"sun"（太阳）才是阴性词，就像现在的德语一样。既然现代英语不再具有词性之分，为什么我们非要认为月亮是阴性的，而太阳是阳性的？……对德国人来说，……在民间故事中，太阳仍然代表女性，月亮仍然代表男性，并有与之相对应的代词。因此在 19 世纪时，路德维希·贝希施泰因（Ludwig Bechstein）记录了一个关于玻璃山的故事（类型和英国的"挪威黑牛"故事相似）。国王的女儿必须拜访太阳和月亮，而他们正在熬鸡汤，公主请求得到那些鸡骨头，好建造一个梯子，帮助她爬上山坡。20世纪的插画家在给贝希施泰因的这个故事绘制插图时，描绘了一轮温暖的、金色的、非常女性化的主妇形象的太阳。

这样一个看似很小的细节被多次放大之后，我们就会发现：进行忠实的翻译时，每个虚构文本中都暗藏着很多语言和文体风格方面的阻碍。然而，何谓"忠实的翻译"？安西娅·贝尔主张的忠实是忠实于原作的精神，而不是忠实于原作的字面意思。贺拉斯（Horace）说，译者不应该像顺从的口译员那样追求"逐字对等"，而是要努力做到"含义对等"。伊拉斯谟（Erasmus）在他整理翻译的《新约全书》序言中说：

语言由两部分组成，即文字和含义，它们就像身体和灵魂。如果两者都能在翻译中体现出来，我不反对逐字翻译。如果不能，那么译者执着于直译而偏离了含义无异于舍本逐末。

相反，瓦尔特·本雅明（Walter Benjamin）在探讨这一主题的文章"译者的任务"（The Task of the Translator）中指出，很难把握应在多大程度上"直译"，多大程度上自由发挥，并在总结中为"直译"正名：

如果评价一篇译作完全没有"翻译腔"，绝不是对它的最高褒奖，尤其是在与原作共存的时代。我们反倒应该认为，之所以有必要通过直译确保对原文的忠实，是因为只有这样的作品才能体现对语言互补性的强烈追求。真正的翻译是透明的，它不会遮挡原文，更不会掩盖原文的光芒，只会以自身为媒介强化原文，让原文中纯粹的语言彰显得更加充分。要做到这一点，首先要比对原文句法进行直译。这就进一步说明了译者处理的主要对象应该是单词，而非句子。因为整句翻译就像是在原作语言面前竖起一道高墙，而逐字直译则是建起能够透过译作看见原作的拱廊。

罗伯特·勃朗宁（Robert Browning）也持同样的观点，而且更加极端。约翰·阿丁顿·西蒙兹（John Addington Symonds）曾在日记中写道，勃朗宁认为翻译"应该做到绝对的逐字翻译，对单词进行准确的直译，而且必须遵照原文的语序排列单词"。许多读者如果听到这样的主张都会感到诧异，因为不喜欢读译作的人最常抱怨的一件事就是"一读就知道是翻译过来的"。

这些观点和其他许多观点在威利斯·巴恩斯通（Willis Barnstone）的《翻译诗学：历史、理论与实践》（*The Poetics of Translation: History, Theory, Practice*）一书中得到了检验。这本集大成之作令人不得不深深赞同威廉·洪堡（Wilhelm Humbolt）在给奥古斯特·威廉·施莱格尔（August Wilhelm Schlegel）的信中所说的一句话："在我看来，所有的翻译都只不过是在试图完成一项不可能完成的任务。"与此同时也呼应了施莱格尔在《文学翻译》（*Translating Literature*）中所说的："人的大脑除了翻译什么也做不了；大脑的一切活动也就是如此了。"

出版方的编辑还没有真正拿到稿件，就已经存在上述困难，甚至更多。而在那之后，还可能遇到文本以外的其他阻碍。

在每年举办的各种关于儿童读物的集会上，鲜有安排专门环节讨论翻译问题的。但 1976 年在瑞典举行的"第三届国际儿童文学研究学会专题讨论会"（Third Symposium of the International Research Society for Children's Literature）则是例外。比吉特 · 斯托尔特（Birgit Stolt）在她所写的文章"埃米尔如何成为米歇尔"（How Emil Becomes Michel）中通过多个实例说明编辑对翻译过程的影响，甚至可以说是干涉。例如，她转述了阿斯特丽德 · 林格伦的一个故事，主人公是一个渴望迅速长高的女孩小洛塔。洛塔曾经听说，动物粪便和雨水能让庄稼长得更快。于是在一个下雨天，洛塔站在粪堆里，心想现在她一定能很快长高。阿斯特丽德 · 林格伦看到美国的译本时惊讶地发现，"粪堆"变成了"枯叶堆"！于是她写信给出版商，询问美国的孩子们是否真的不知道还有比用枯叶更好的加快庄稼生长速度的办法。如果不是这样的话，她不得不对美国的农业水平表示怀疑。这一次她成功了："他们允许保留我的粪堆——这是一次胜利！"她写道。

还有一次，林格伦就没那么成功了。这次是关于法国版的《长袜子皮皮》。法语版中的皮皮不能抱马，只能抱小马驹，因为出版商坚持认为，或许瑞典孩子真相信一个女孩有足够的力气抱起一匹马，但"法国孩子，毕竟刚刚经历过第二次世界大战，他们很现实，根本不会相信这种说法"。

这些只不过是一些小片段。只要是自己的小说曾被翻译过的作者，总免不了碰到类似的事情，几乎可以编一本逸事选集了。比吉特·斯托尔特在她的文章中指出了"三种可能对儿童读物译本忠实度造成不利影响的根源"：

1. 出于教育目的。（她的意思是删去被认为太难理解的段落和词句；删除或修改可能令注重道德或其他什么的人感到被冒犯的段落；增加信息，否则担心儿童无法理解；等等。）

2. 大人先入为主的看法，关于儿童想读什么、关注什么、能理解什么的看法。这种看法往往低估儿童读者的能力。

3. 对据实描写的文本进行煽情处理或美化。（"阿斯特丽德·林格伦，"斯托尔特写道，"曾谈到某个译者总是野心勃勃，作者原本的文字已经很美好了，感情已经很真挚了，但译者还是事无巨细地想要做到更美好、更真挚。"）

我个人作为翻译书籍的原作者和出版人的经验则是，译者和编辑其实倾向于用传统的、熟悉的语言对作者出其不意的安排进行弱化，让文本显得更加平缓，包括修改突兀的措辞或意象、不寻常的叙事语气、多变的人称或时态、出人意料的省略以故意制造令人纠结的悬念、不合语法的结构等等。他们往往解释说"这个难点"是"不可能"翻译出来的，但有时也会无意暴露另一个不曾明说的理由，那就是担心如果他们用自己的语言诠释出类似的突兀感觉，那么没有或无法核对原文的评论家和读者就会认为这是译者的错误，并将其作为译入语错误或者使用不当的例子。

据我所知，米兰·昆德拉在《被背叛的遗嘱》（*Testaments Betrayed*）中对译者总是跃跃欲试的做法，进行了堪称最为精彩的一番剖析。他逐条列出了译者对卡夫卡作品的处理手法，谈到了被他称为"系统性同义化"的问题，可以印证我刚才提到的问题：

　　总想用另一个词来代替更明显、更简单、更中性的词……或许可以称之为"**同义词反射**"——几乎所有译者都会产生这种条件反射。大量的同义词储备是技艺精湛的一种表现；如果"悲伤"一词在原文的同一段落出现了两次，译者就会感到被这种重复所冒犯（认为这有损于行文的优美，而行文优美很有必要），于是就不由自主地将重复出现的"悲伤"翻译为"悲哀"。这种例子还有很多：这种总想使用同义词的冲动是如此深植于译者的灵魂，以至于同义词成了译者的"**首要**"选择。如果原文用"悲伤"，他就用"悲哀"，如果原文用"悲哀"，他就用"悲伤"。

　　但我们也必须做出让步，我绝对不是在讽刺：因为译者的处境是极其微妙的——他必须忠于原作家，同时又要保有自我；他能怎么办？他（出于有意或无意）希望将自己的发明创造注入文本；仿佛是为投入本心，他选择了一个既不明显违背作者意愿，又能维护自己意愿的词。我现在正读着一篇我写的短文的译作，恰好就发现了这个问题：我用"作家"，译者翻译成"作者"；我用"作者"，他又翻译成"小说家"；我用"小说家"，他翻译成"作家"；我用"韵文"的地方，他翻译成"诗歌"；我用"诗歌"的地方，他翻译成"诗"。

卡夫卡写的是"走路"，译者偏偏翻译成"步行"。卡夫卡用"没有因素"，译者翻译成"没有任何因素""什么也不剩""一个因素也没有"。这种同义化的做法似乎无伤大雅，但如此系统性的使用却不可避免地模糊了原作的意思。更何况，这样做的意义在哪里？如果作者用的是"gehen"（走开），那为什么不能翻译成"go"（走开）呢？哦，你们这些翻译，能不能别肆意强迫我们呢！

他在另一段中总结了这个问题：

译者遵循的最高权威应该是**作家的个人风格**。但大多数译者却遵从于另一个权威，即"典范法语"（或典范德语、典范英语等）的**传统标准**，也就是我们在学校里学习的法语（德语等）。译者认为自己是代表这种权威向外国作者传达信息的大使。此为大谬：每一位有一定分量的作家都会**背离**"典范风格"，正是因为背离，才能彰显其艺术独创性（这就是他们存在的理由）。译者的首要工作应该是理解这种"背离"。如果这种背离是显而易见的，那么理解这种背离并不难，比如拉伯雷（Rabelais）、乔伊斯或塞利纳（Céline）的作品。但也有一些作家，他们对"典范风格"的背离是微妙的、几乎不可见的、隐藏很深、慎之又慎的，于是便不容易把握。但这种情况恰恰凸显了译者这样做的必要性。

毫无疑问，我引用这段话是因为我赞同它。但我也承认，正如昆德拉所说，译者永远无法保持中立。他们和作者一样，也是独立的个体。他们所拥有的语言特征和个性特质都会不可避免地体现在译文里。但有一个事实：就像有糟糕的作家那样，也有糟糕的译者。这就是为什么一定要为特定文本选择适合的译者，即便是最优秀的译者可能也有适合与不适合之说。而在出版儿童读物时，这种选择本身更加困难。因为翻译儿童读物的报酬通常比翻译成人读物的报酬要低，这就导致选择范围只能限制在恰好愿意从事这项工作的极少数优秀译者身上。

施莱尔马赫（Schleiermacher）在 1813 年写道："要么译者尽可能不打扰作者，把读者引到他身边，要么译者尽可能不打扰读者，把作者引到他身边。"风险就是在两者缠斗的过程中我们最终得到的只是翻译和"改编"的混合物。施莱尔马赫有理有据地警告说，这会导致"作者和读者彻底与对方擦身而过"。儿童读物的编辑本能地认为不该打扰读者，而是把作者引过来，但我个人更愿意引导读者走过去。因为作者的差异、作品的差异，才是我们应该看重的东西。如何将年轻读者带到他们面前——如何鼓励他们享受差异——是教育工作者、图书馆员、父母和更多成年人的事，而不是译者的事，译者的任务是忠实于作者和文本。

介于两者之间的是出版商，他们决定一本书是否适合它的预设读者，以及希望在多大程度上提供新鲜的、读者所不熟悉的内容。但即使是出版商，我认为也首先要对作者和作品负责。如果他们过于注重读者的感受，以至于要求对一部作品进行大篇幅的改编——无论是形式、语言还是内容，都想将其中的特别之处磨平——那么与其将之扭曲或掺假，还不如不翻译它。

我编辑过的书里最难翻译的一本是瑞典作家彼得·波尔的《詹，我的朋友》（*Janne, min vän*）[1]，由特顿与钱伯斯出版社出版，劳瑞·汤普森（Laurie Thompson）翻译。翻译中存在的一些困难和我们选择的解决办法，既体现出翻译的趣味，又说明了其中的复杂与艰辛。

　　翻译《詹，我的朋友》在内容、形式和语言上都存在困难，而且这个故事很长，增加了制作和翻译的成本。故事发生在 20 世纪 50 年代，地点是斯德哥尔摩的某个区域。当地人的讲话方式自成一格，故事发生地的知名高中也很特别（学生全都在同一所教学楼里上课）。故事的主人公是一群刚刚进入青春期的男孩，但是从老套的叙事编码判断，其中又有很多特征与女生故事相符；事实上，性别就是这本小说最神秘的核心。这是一个解谜故事、一个侦探故事——需要调查一桩谋杀案；受害者、凶手的身份及动机均未知；必须找到线索并将它们拼凑在一起，在不断闪回和快进的故事叙述中将事件的来龙去脉串联起来。与此同时，它又充满故事性，讲述关于友谊和爱情，关于学校和家庭，关于难以两全的忠诚，关于思想和"已知事物"，关于突破过去的你并成长为你最想成为的自己，等等等等。在讲述方式、语言运用和叙事手法上，波尔展现出娴熟和丰富的技巧，包括叙事和排版上的技巧，这些技巧在青少年小说中并不常见。毫无疑问，这是一部当代小说。

---

[1]　译者注：这里翻译的《詹，我的朋友》（*Janne, min vän*）和下文的《约翰尼，我的朋友》（*Johnny, my friend*）指的是同一本书。原书中作者用 *Janne, min vän* 来指代原作，用 *Johnny, my friend* 来指代英文版译作，中文版也相应做了区分。

简而言之，我认为《詹，我的朋友》是难得一见的杰作。据我所知，当代没有其他"大童读物"（older children's book）能比它更好，能与之媲美的儿童或成人书籍也不多。和所有伟大的小说一样，它超越了描述性标签或分类的局限，就像昆德拉所说，超越了传统范式。该书于 1985 年首次出版，在瑞典获得了大量的好评、高度的赞扬并引发热烈的讨论。在德国，它同样引起巨大的关注，并荣获"青年文学奖"。在荷兰，它也引发了热烈追捧。到了澳大利亚，专业的童书杂志对其评价甚好，只是没有受到特别的关注。在英国，人们对它的评价不温不火。到 1996 年年中，也就是本书英译本出版 5 年后，它仍然未在美国出版。这真是一本将沙文主义倾向体现得淋漓尽致的伟大作品。

我第一次看到这本书，是年轻的瑞典朋友凯塔琳娜 · 基克（Katarina Kuick）送给我的瑞典语版。她现在是一名职业作家，也是我本人的翻译。她告诉我，据她所知，《詹，我的朋友》是讲述青春期故事的书中数一数二的作品。尽管我看不懂，她还是想送我一本。她为我转述了整个故事，并写了一篇长长的摘要，解释为什么这个故事对她来说如此重要——一部分原因是故事本身，一部分是它的讲述方式。她对其中的内容简直如数家珍。

特顿与钱伯斯出版社成立后，我很清楚自己希望出版这本书的英文版；事实上，我之所以决定入伙这家公司，一个重要因素就是我对如此出色的小说还没有英文版感到愤愤不平。在与瑞典出版商协商完版权事宜之后，我便去拜访了作家。凯塔琳娜随行，一方面是为解决可能存在的沟通问题（波尔的英语水平有限，我则完全不会说瑞典语），另一方面也是因为她非常了解这本书。我俩提前拟定了一份译者需要解决的问题清单，并商议如何向波尔提出这些问题。波尔不仅是一位作家，也是一位数学研究者。大家都知道他对于期待他谈论自己作品的试探总是很谨慎，尤其是关于《詹，我的朋友》这本书中存在的线索空白、不确定因素等问题。出版界为了讨好他，要在雅致时髦的餐厅宴请他，他一概拒绝，只想约在大学系里的员工休息室，喝自动贩卖机的咖啡。这一点让我对他很有好感。在整个谈话过程中，他表现出一种令人钦佩的态度——对浪费时间极其嫌恶且拒绝客套。他和凯塔琳娜相处融洽（我想，任何作家都无法抗拒一个非常了解他作品的读者）；波尔对我写的一些小说有所耳闻，这帮我们找到了关于创作形式的可能性、文本在页面上的呈现方式等共同话题。我们的大部分问题他都欣然作答，并对文本中令他感受强烈的细节进行了阐述。

其中一个问题是对话内容及如何排版，另一个则是关于斜体字的使用。波尔不希望我们按照英文的惯例用引号标记对话内容，但也不希望像欧洲大陆的惯常做法那样，用破折号来表示。他谨慎地构建出一种将对话内容和叙述内容、直接话语和转述话语相混合的风格，进而借由这种相互交织的风格呈现出一种"声音"。然而他确信，任何有能力阅读他作品的读者，都有能力理解哪些是角色之间的对话，哪些是内心独白或叙事性旁白。遗憾的是瑞典语版本自己就存在不一致之处，有时对话仍然会用标点符号来标记。这个例子充分说明：如果不能核实作者的意图，源语言版本中编辑所做的决定或所犯的错误，就会被原封不动地转移到译入语的版本中。同样，如果作者和译者能够配合，许多乍看上去似乎"不可译"的细节也能找到恰当的对等译法。我通过自己出版的书领悟到这一点，并为能因此"拯救"很多原以为必须略去的细节而感到庆幸。

至于斜体字的使用问题，主要是由于这个文本的一个特征：在叙述者兼主角讲述故事的时候（相对于具体场景的发生时间），他会在心里与詹对话，因此我们不能用斜体字表示强调。[1] 在需要强调的时候，波尔会使用德语里惯用的方式，即字母之间空一格，例如强调"help"这个词时将其写成"h e l p"。尽管我完全能预见到排版的突兀（比如一个被拉长的单词一半出现在一行的结尾，另一半却溢出到下一行的开头），但还是欣然同意了（事实上，我很喜欢这样做并希望能用到自己写的书里）。

　　我们还问了一些经常会与作家讨论的问题，比如角色的名字、街道的名称。所有的街道都是真实存在的，而且它们之间的关联往往对情节很重要。许多英语读者之所以不喜欢翻译作品，就是因为"那些读不出来的名字"；对于这个问题，人们往往会提到俄国文学作品里使用的三重姓名。在《詹，我的朋友》中，担当第一叙述者的角色名叫克里勒（Krille），这不是一个英语国家的人看着眼熟的名字。翻译成"克里斯"（Chris）或许差不多。我认为年轻的读者们不应被角色的名字所困扰，因为我知道他们必须面对文本中其他极其复杂的陌生内容。所以，我的意见是，虽然很不情愿，但我们仍然需要把那些充满陌生感的名字英语化，同时保留那些易读易认的名字，比如克里勒的街头朋友佩卡（Pecka）。凯塔琳娜非常反对这样做，她想保留所有瑞典名字。她说，现在该轮到英国读者适应了，就像瑞典孩子适应外语书里的那些名字一样。波尔则并不介意，他也希望英语读者在这个问题上感到轻松。

---

[1]　作者注：与英语里斜体字通常用于表示对内容的强调不同，在这部翻译作品中，斜体字是用来表示叙述者兼主角内心的自言自语的。

然而，并不是所有关于名字的问题都能如此简单地解决。例如，在我自己的小说《收费桥》（*The Toll Bridge*）中，男主角的名字叫"Jan"（简），这个名字在英语中代表两性，可以是男性的名字（如 Jan Needle，简·尼德尔），但更常见的是女性的名字（如 Jan Mark，简·马克）。我是有意在小说中制造这种冲突的。但荷兰语中的"Jan"却是一个极为常见的男性名字，不太可能令人感受到那种冲突。因此，很有必要找到一个和英语里的"Jan"有类似"效果"的荷兰语名字。此外还有一个更加复杂的问题：这个故事中的"Jan"其实是"Janus"（贾纳斯）的昵称，而不是"Janet"（珍妮特）或"John"（约翰）的昵称。因此，最好能找到一个同时对应英语名字"Jan"和"Janus"的荷兰语名字。我们的翻译选择了"Jany"（贾尼）。在波尔的书中，有一个同样令我们困扰不已的问题，来自克里勒的神秘朋友"Janne"（詹）。一开始大家都以为"Janne"是个男孩，但后来我们意识到"他"可能是个女孩，因为在瑞典语中"Janne"（詹）确实会引起这种混淆。如果在英译本里翻译成"Jan"（简），就像我说的，很容易让人以为这个角色是女孩。那么到底该用什么名字呢？我选择了"Johnny"（约翰尼），但这个决定始终令我无法真正满意。

　　事实上，你无法一概而论地规定译者不能对名字做任何改动。故事里出现的姓名通常具有象征意义或其他什么含义，为了体现叙事的深层意义，译者必须尽量保留。有时候，这意味着要在转换语言时对原作的名字进行调整。

　　对于英语国家的儿童读者来说，《詹，我的朋友》中的街道名称甚至比角色的名字还要"难懂"——瑞典语字母比英语字母多 3 个，这几个字母的头顶带有小圆圈或者小圆点。而这本书（英译本）第1页的第6行几乎被这样的街名占满了：
"Swedenborgsgatan" 和 "Maria Prästgårdsgata"。这两个词能
转换成英语吗？它们是否重要到绝对不能被省去？凯塔琳娜说，
它们非常重要。故事情节都是精心设计的，不只是一条条街道，
还包括一栋栋建筑；省去名称是一种亵渎，而把名称英语化则
会导致它们变得毫无意义——角色可以"虚构"，但街道确实
存在。

　　于是我恍然大悟：波尔和凯塔琳娜觉得每个人都应该知道
那些街道、它们的布局和相互关系。这也难怪，因为他们两人
都住在斯德哥尔摩，都上过书中提到的学校，而且和所有当地
人一样，他们总以为新来乍到的人也可以非常轻松地认识路（外
地人向当地人问路时总是会听到："你不会找不到的！"）。
其实我们这些外地人需要的是一张地图，这样我们就能明白这
个故事发生在一个真实的地方；如果我们愿意，还可以在地图
上追踪角色的踪迹。重要的是，地图确实能够在一定程度上让
那些生僻的名字和陌生的地方变得更易于理解。（地图的另一
项优势就是，小读者们通常都很喜欢看故事里的地图，因为地
图似乎能够增添冒险的意味。）这就是为什么英文版的《詹，
我的朋友》直到现在还是唯一一本以克里勒（即英译本中的克
里斯）所在的斯德哥尔摩地区的地图作为开头的书。

　　但即使是地图也有问题。我们是不是应该从当时官方发布
的道路图中截取相关地区的地图？（不行：太详细，会过于杂
乱。）是不是应该让克里勒（克里斯）按照自己的方式来绘制，
以配合他的第一人称叙述手法？（这个想法乍看上去很有吸引
力。）或者只画概略图，就像伦敦地铁运行图那样？（不行：
虽然易于理解但与时代不符。）需要按比例绘制吗？要详细到

什么程度？等等。最后，凯塔琳娜的一位朋友绘制了这份地图。他擅长绘画，但又没有把图画得过于精致，以至于看起来像是专业工作室的作品；这份地图的业余手法很适合用来假装这是出自克里勒（克里斯）之手，同时又足够清晰和详细，可以告诉读者他们需要知道的一切。

我与波尔和凯塔琳娜讨论完这本书之后，就选定了译者。劳瑞·汤普森先是拜访了波尔，然后又试着翻译出小说的前几页，以便我们就第一人称叙述的处理方式达成一致意见。他在随附的信里这样写道：

问题是如何恰到好处地把握口语化的程度：克里斯说话十分口语化，但比那帮街头朋友还是要规范得多——他偶尔也会装装样子。这里又碰到了同样的问题：个别俚语和短语在英语中通常没有直接对应的词。所以常见的做法是将整个段落处理成与原文相似的口吻，而不是过多地纠结于具体词汇。我一直在努力回想自己上学那会儿经常挂在嘴上的话（20世纪50年代，也是故事设定的年代），同时又要避免给人留下太过时的印象。

凯塔琳娜对试译的文本进行了梳理，详细对比瑞典语和英语两个版本的内容，我觉得非常有用。举个例子就能说明为何很多编辑都对出版译作深恶痛绝，而且这或许就是它们很少被翻译成英语儿童书籍的原因之一。如果一名编辑不熟悉原文，就会感到自己无法充分尽到编辑之职。通常情况下，如果是用母语与作家打交道，编辑则会在发表意见、质疑作家的意图或语言的使用时更为自信。但如果编辑对原文的语言不熟悉，又怎么能够挑战译者的权威呢？因此，编辑自身对外语的不自信成为他们抗拒出版译作的一部分理由。而英国的编辑们对其他语言的无知是出了名的。大多数人可能对某一门外语略知一二，通常是法语或德语。相比之下，我的荷兰语编辑却精通5种语言，我的德语编辑精通4种语言，这在欧洲大陆的同行中并不罕见。

　　作为一个典型的英语单一语言使用者，我下定决心不让自己的无知妨碍到我。我能想到的唯一能让我感到充分自信的方法，就是聘请一位会说原作语言的顾问，就像凯塔琳娜这样，同时又能说流利的英语。我们在文本的处理上密切合作，但编辑方面的工作以及与译者打交道的事情，则交给我来处理。这样做肯定会增加制作成本。当然，并不是所有的翻译工作都像《詹，我的朋友》那样存在这么广泛的问题，或者需要投入如此多的精力。但如果确实需要这样做，那么我会有一个出版团队应对这些问题，译者知道自己的译稿会接受严格的审校。并非每一位英语译者都习惯或欢迎这种方式，因为他们经常被视为不可挑战的权威。对于译者，我的经验是遵循通用规则——专业的人做专业的事，这样带来的麻烦最少，双方配合起来也最轻松。

　　让我们将英文版《约翰尼，我的朋友》第1页的3版译文放在一起对比，从中感受协商译稿、比较瑞典语和英语差异、编辑提出建议、译者再次修改稿件、编辑进一步修订、定稿以及首次出版的整个过程。图5-1是劳瑞·汤普森的初次试译稿。图5-2是我在他翻译的第二稿的基础上进行的修订。图5-3是正式出版版本的第1页。（均为原作的等比例缩小版。）

1

Now then lads, does any of you recognize this? says the bobby, picking up Johnny's bicycle.

The whole gang responds with the whites of their eyes, but nobody feels called on to volunteer. The bobby's mate is still sitting there in the cop car, wittering away about the corner of Swedenborgsgatan and Maria Prästgårdsgata into his mike. About ten young lads. I'll get back to you.

The bobby's eyes settle on Stan, but Stan's having problems with his shoe laces, enormous problems; Stan's shoelaces are taking up all his attention. There's something wrong with Pecka's belt as well: his belt has got snarled up all of a sudden, you know how it is. Harold is helping him to sort it out — good old Harold, you can trust him to be nice to his kid brother.

With a series of little movements, so little they'd be unobtrusive if they weren't so obvious, everybody in the gang is busy adjusting things. Turning this way. Turning that way. Turning the other way. All their little adjustments combine to form a stage, and in the middle of that stage is me, with an audience of one: the bobby. Everybody else has something else to look at. The whole audience wants to know if I — nobody else, just me — recognize Johnny's bicycle.

Do I recognize Johnny's bicycle!

That's how we got to know Johnny, through his bicycle. Half past six on the last day of August in my case, 18.32, 31.08.1954. The summer holidays had just petered out, and school — a new school as far as I was concerned, known to everybody as South Side Grammar — had started at half past one that afternoon. An easy-going sort of start with a roll call and a parade in the hall, featuring ancient, shaggy gents with walking sticks and ear trumpets and gravelly coughs and a whole waiting room of aches and pains, each of 'em with one and a half feet in the grave. Our future teachers, in other words.

At half past six we all came riding down various streets on our bicycles, in my case down St. Paulsgatan, and it's my case I'm talking about now. Aimed a few quick shots over our shoulders, ducked down to avoid the volleys fired back from the doorways, and turned off suddenly in the last direction the car drivers could have imagined. They all had to ram on their brakes; after all, we were the young hopefuls, the guardians of Sweden's future, who had to survive today's traffic in order

图 5-1 《约翰尼，我的朋友》翻译初稿第 1 页

Now then, lads, do you recognize this? says the cop, lifting out Johnny's

bicycle.

We respond with the whites of our eyes, but nobody wants to volunteer.

The cop's mate is still sitting there in the cop car, wittering into his mike.

The corner of Swedenborgsgatan and Maria Prästgårdsgata. About ten

young lads. I'll get back to you.

Change all this!

The cop's eyes settle on Stan, but Stan's having problems with his shoe

laces, enormous problems; Stan's shoelaces are taking up all his attention.

There's something wrong with Pecka's belt as well, snarled up all of a

sudden, you know how it is. Harold's helping him to sort it out -- good old

Harold, being nice to his kid brother.

With a series of little movements, so little they'd be unobtrusive if they

weren't so obvious, the lads adjust things. Turning this way. Turning that

way. Turning the other way. All their little adjustments combine to form a

stage, and in the middle of the stage is me, with an audience of one who

Everybody else has something else to look at. The whole audience

wants to know if I -- nobody else -- just me -- recognize Johnny's bicycle.

Do I recognize Johnny's bicycle!

1 line #

You got to know Johnny by his bicycle. Half past six on the last day of

August in my case, 18.32, 31.08.1954. The summer holidays had just

petered out, and school -- a new school for me, South Side Grammar -- had

图 5-2 《约翰尼，我的朋友》经校对的翻译二稿第 1 页

Now then, lads, do you recognize this? says the cop, lifting out Johnny's bicycle.

We flash the whites of our eyes at each other, but nobody feels the urge to volunteer. The cop's mate is still sitting there in the cop car, wittering into his mike. The corner of Swedenborgsgatan and Maria Prästgårdsgata. About ten young lads. I'll get back to you.

The cop's eyes settle on Sten, but Sten's having problems with his shoe laces, enormous problems; Sten's shoelaces are taking up all his attention. There's something wrong with Pecka's belt as well, snarled up all of a sudden, you know how it is. Harold's giving him a hand – good old Harold, being nice to his kid brother.

With little movements, so little they'd be unobtrusive if they weren't so obvious, the lads regroup. Turning this way. Turning that way. Turning the other way. All their little movements leave a stage, and in the middle of the stage is me, with the cop as an audience of one. Everybody else is looking somewhere different. The whole audience wants to know if I – just me – recognize Johnny's bicycle.

Do I recognize Johnny's bicycle!

You got to know Johnny by his bicycle. Half past six on the last day of August in my case, 18.32, 31.08.1954. Summer holidays had just petered out, and school – a new school for me, South Side Grammar – had got going 13.30 that afternoon. An easy-going sort of start with a roll call and a parade in the hall, featuring ancient,

9

图 5-3 《约翰尼，我的朋友》正式出版的第 1 页

做几点说明。我们最后用了"Cop"（警官），而不是劳瑞最初选择的"bobby"（长官），因为"bobby"（长官）给人一种熟稔的甚至是好街坊的感觉，而"Cop"（警官）听起来更硬气。20世纪50年代初，克里斯这个年纪的人会认为"Cop"（警官）一词更勇敢、更能彰显硬汉魅力（受好莱坞犯罪片的影响）。将"response with"（回应以……）改为"flash"（使了个眼色），增加"at each other"（相互），将"wants"（想要）改为"feels the urge"（感到迫切需要），这些修改都是为了让文本在意义和风格上更贴近原文。把"Stan"（斯坦）改成"Sten"（司登），则是因为凯塔琳娜坚持认为应该尽可能保留瑞典人名的特色。第四段修改为"With little movement..."主要是为了让动作更加明确，以及让文本在风格上更贴近原著。

空一行之后的那句"You got to know Johnny by his bicycle"（你找到约翰尼的自行车就能找到他），则是一个我们始终未能妥善解决的问题。凯塔琳娜坚持认为，原文的意思更像是说"you met Johnny by bicycle"（你骑车就能找到约翰尼），暗示约翰尼和他的自行车形影不离，骑着自行车找就能找到他，通过"骑车"也能认识他（劳瑞第一次就是这样翻译的），但我觉得这个短语在英语中没有说服力。劳瑞对我的修改建议"You got to know Johnny by bicycle"（你骑车就能认出约翰尼）大为不满（非常有道理），如图5-2所示。在英语里这样说确实很奇怪。我们最后都同意采用"You got to know Johnny by his bicycle"（你找到约翰尼的自行车就能找到他），因为这与本书第一句话里警察将自行车展示出来的说法相吻合——这是一件证物，一条线索，让这伙人"相互使了个眼色"。但我们都不满意这样的解决方案，其中丢掉了太多内涵。

各位当然可以认为，我们对每一页都倾注了同样巨大的心血。但并不是每一页都需要进行这么大幅度的修改。劳瑞以高超的技艺与高度的耐心完成了这项异常艰巨的工作。凯塔琳娜发挥了尤其重要的作用。正因为她对克里斯生活的斯德哥尔摩当地特有的细节和本地俗语有着很深的了解，对原作及其中细微之处怀着无限热情，以及同作家的关系十分融洽，才帮助我们厘清原作情节中一些刻意安排的模棱两可之处，我们才能把握好应该在多大程度上保持作品的神秘设定。就我而言，我为自己取得的成就感到骄傲，也为能用英语出版这么好的书感到骄傲。然而，如今的我对于英语译作的未来并不比 1989 年时更为乐观。特顿与钱伯斯出版社的图书销量一直很差，我们已无力继续出版。在过去的两三年中，英国出版的外国文学译作比以往任何时候都要少。

如何改善这种令人苦恼的状况？出版商在创造市场的同时，也倾向于跟随市场的需求。这意味着儿童书籍的主要购买群体——教师和图书馆员——可以发挥一定的作用。我们可以从提高大家对外国译作的认知入手，向小读者介绍其他语言的知名作品，邀请译者走进课堂和图书馆发表演讲，并全面强调这一文学领域。审稿人和评论家可以对译作及翻译工作给予更多关注，进行更加深入的思考。（除了前文引用过的那种语带贬义的措辞，针对这个领域的正经评论能有多少？）目前我们看到了一些举措。1996 年首次颁发的"英国马什儿童文学翻译奖"（Marsh Prize）决定每两年颁发一次，以表彰优秀的童书翻译作品。而且，我们不要忽视，英国国家课程规定学生应当了解来自其他国家和文化的优秀作品。

以上这些建议说明，我们必须摒弃自身和其他成年人对翻译作品和"异类"作品（无论是否属于译作）的偏见，用心阅读它们，领悟差异其实是优点而非障碍。

第六章

"齐柏林"的秘密

Something *Zeppelin*!

能与各位一同回味托摩脱 · 蒿根的作品既是一种荣幸也是一种莫大的满足。我不仅是《齐柏林的秘密》（*Zeppelin*）首个英译本的出版人、一位教授儿童文学的教师，还是一名小说作者。我的小说《在我坟上起舞》（*Dance on My Grave*）恰好由托摩脱翻译成挪威语。现在我终于有机会当面对他表示感谢。因此，我是透过三重视角看待小说《齐柏林的秘密》的：出版方、教师，以及一位作者兼读者。接下来我想给大家讲一讲我是怎么发现这本书的，为什么要出版此书的英译本；作为读者，我的读后感是什么，我又是如何看待这本书在当今儿童文学领域的地位的；最后我还想介绍一下这本书在三个英语国家的成人和儿童读者中的接纳度问题。

众所周知，英国人对外国译作的排斥是出了名的，尤其是对于童书。1989 年，我和一位澳大利亚商界的朋友大卫 · 特顿决定为此做点儿什么。于是我们共同成立了一家小型独立出版机构——特顿与钱伯斯出版社。当时，我经常受邀出国推介自己作品的外国译本，我也会借机购买一些在当地看到的书的版权。

一次，我应邀前往瑞典。一位年轻读者凯塔琳娜 · 基克——现在她已经成了我的朋友，还是我的瑞典语翻译——为我介绍了彼得 · 波尔的代表作《詹，我的朋友》，而我则为自己促成了这部作品英译本的出版而感到自豪。正是凯塔琳娜让我关注到了《齐柏林的秘密》这部小说。由于我只会说英语，因此她不得不像对待一位不认字的人那样，向我转述这个故事，并将其中一些段落翻译出来，以解释她为什么认为这本书值得我花费精力和经费去翻译出版。就像我们生活中的很多其他事情一样，出版也需要面对艰难的选择，决定什么重要，什么不重要，要判断其中的价值。出版商、图书馆员、教师需要代表其他人对书籍的价值做出判断，他们无法回避，因为这是他们的工作。

我曾告诉过凯塔琳娜和我在其他国家的版权顾问，我想要寻找那些用母语创作的面向小读者的佳作，那些处于文学最前沿和新兴领域的书，那些我本人最希望创作的类型。而我先是从凯塔琳娜那里，然后又陆续从其他了解挪威儿童读物的人那里了解到，《齐柏林的秘密》恰恰符合上述标准。正如凯塔琳娜在一封信中解释的那样：

　　这本书的讲述方式似幻似真。妮娜起初不太清楚发生了什么，也不知道那男孩是真是幻、是敌是友。但她不断成长，最终掌握了主动权，甚至敢于挑战父亲并且取得了胜利。结局并没有说明那男孩最后是否还会回来。这个故事在某些方面类似于童话，但又非常具有现实意义。小说对妮娜、对家人进行了细致入微的刻画，那些未曾言明的冲突，表面上的微笑，以及妮娜如同天使般的角色定位——这个角色既非出于她的选择，也非出于她的本意。这部书发人深思，它展示了成年人作为小人物的真实形象。我很喜欢它。事实上，越来越喜欢……如果你仔细琢磨这本书，总能从中领悟更多东西，它绝对不会让你失望。（1989 年 9 月 13 日的信）

这个故事讲的是一个女孩如何学会掌控自己的人生，并由此让我们窥见当代家庭生活的内幕，它有着神秘的情节和一个谜一般的男孩（他是真实的还是虚幻的？），是一个接近童话但又十分现实的故事——所有这些元素都深深地吸引了我。凯塔琳娜给我看的瑞典版本版式也深得我心：全书由 150 个非常短的"章节"组成，每章通常只有几行，由若干简短——往往只有一句话——的段落组成。凯塔琳娜为我翻译了其中的五个章节——其中开头的三章编号为 36，一共 109 行。短短 284 个词却足以营造出一种非比寻常的叙事腔调：观察上的冷静，感官上的亲密，还有那种不带感情色彩的抒情基调——也足以让我明白，语言本身具有和任何人物角色或事件同等重要的作用。正是这一点最终说服了我，让我确信出版英译本是值得的。

然后就是协调英译本版权的业务性操作了，这个过程并不总是迅速、轻松或者愉快的。但挪威居伦达尔出版社的伊芙·利－尼尔森（Eve Lie-Nielsen）却干脆利落地搞定了此事并且过程相当友好。当时，我听说明尼苏达大学的流行病学教授大卫·R. 雅各布（David R. Jacobs）已经完成了本书的英文翻译。他在挪威度假时偶然看到了《齐柏林的秘密》并且非常喜欢。为了和儿子分享这一发现，他专门把书译成了英文，还寄了一份给居伦达尔出版社以期待出版。这样一来，尽管还需要进行大量的编辑工作，我却能比预期更快地读到《齐柏林的秘密》了。事实证明，这本书比我想象的还要出色。

那么我都发现了什么呢？在其他英语读者还未曾读过这本书、无法和我分享这本书对他们的触动之前，我读完这个故事之后自己受到了哪些启发呢？第一次读到《齐柏林的秘密》，我有何感想？米兰·昆德拉曾解释说，他的《笑忘录》（*Book of Laughter and Forgetting*）可以归纳为一组关键词，我认为《齐柏林的秘密》也可以这样概括，我列出的关键词如下。

"齐柏林"（Zeppelin）。这是最显而易见的关键词。这个单词被某人写在一只鞋上，英国人管那种鞋叫"训练鞋"。刚看到"齐柏林"的时候读者可能会感到迷惑（飞艇和这个故事有什么关系？[1]）。后来读者才明白，原来这是一种咒语、一个魔法词汇、一种符文，用它才能打开秘密之门。由此一来，语言从一开始便引起了我们的关注。它的意义、神秘感和音乐性——我们一定会注意到语言，意识到它的存在：手写的语言，穿越时间和空间而保留下来，存在的意义是引发思考。这个神奇的词被人写在一只"训练鞋"上，本身就暗示了这个故事的含义：这种训练指的就是不断练习，学习如何将一件事做到尽善尽美。鞋子上写的字还指向另外两个关键词："手"和"脚"。

"手"和"脚"。我们对这个神秘闯入者的第一印象就是他的那双蓝色鞋子。妮娜第一次看到他时，只见到一个模糊的身影在向她招手。当她第一次发现他藏在她家避暑别墅花园的那棵枫树里时，也只看到了一只没穿鞋的脚。三章之后，妮娜把训练鞋递给那个不肯显露真身的男孩时，他的手碰到了她的手，这是两人的第一次身体接触，她确信"这不是梦"。当现实压倒幻想，她惊出一身汗，有点儿胃疼，一屁股坐在地上。

---

[1] 译者注："Zeppelin"这个词最易引发人联想，也最广为人知的含义是"齐柏林飞艇"。

在相当长一段时间里，妮娜只在给那个男孩送食物的时候见过他的手和脚。直到后来男孩追着她进入森林，在穿过一条小溪时正面朝着她，用"长长的胳膊和白皙的手指"把她推倒在地。妮娜尖叫着举起双手保护自己。但是，"那双惊恐的蓝眼睛从手指间凝视着。温柔的眼睛。她哭了起来"。

"让手指替你走路。"英国的《黄页》（商业电话查询簿）广告中这样唱道。"让手指替你说话"，也同样适合概括双手在《齐柏林的秘密》中起到的作用。手和脚的象征性符号意义得到了淋漓尽致的展现——手是具有创造力的制造者，是感应器，是用来抓握的东西；脚则像是载体，既能来回移动，又像是扎根于大地的根。而它们都与另一个关键词有关："眼睛"。

"眼睛"。我读《齐柏林的秘密》时感觉最强烈的就是各种观察的场景。我在把自己隐藏起来的同时，也对妮娜进行着细致入微的观察；那个神秘的男孩总是在观察。妮娜也是一个仔细的观察者：观察她的父母，观察躲藏的男孩，观察周围的自然世界——树、花、水、阳光、月光。同时，由于这不仅是一本关于人物、地点和事件的书，也是一本关于语言的书，因此关键词也总带有其他关联含义。在书中，我们用来看东西的眼睛（eye）就是看东西的"我"（I）[1]；而"我"则能"理解"（see）[2] 这一切的含义。"Oh, I see!"在英语里我们用这句话来表示："现在我明白了，现在我理解它的意思了！"

---

[1] 译者注：英语的 eye 和 I 发音相同，这里作者是在强调语言的双关含义。

[2] 译者注：see 在英语里可以指"看见"，也可以指"明白"，同样也是双关语。这里作者想表达的对应关系是：眼睛（eye）—看（see），我（I）—理解（see）。

我们还会说，"At last you've seen the light!"（你终于顿悟了啊！）。在本书的最后，那男孩说："你甚至还不知道我的名字呢！"妮娜回答："不知道，但我知道你是谁。"那一刻突然出现了一种特殊的光："突然，月光洒满树梢。妮娜立刻关掉了手电筒。"

而"光"就是我接下来想说的关键词，尤其是月光。在故事的最后一刻，月光洒落下来，仿佛要触碰妮娜的身体，瞬间让人想起整本书中最温柔、最感性、最动人的片段之一：那是在午夜时分，妮娜在家人熟睡后溜出房子，第一次在树上和男孩碰面。在月光的照耀下，她把食指放在他的手上，他则用手抚摸她的头发，又用手指温柔地划过她的鼻梁，划过她的嘴唇。她张开嘴，用舌尖轻舔他的手指，品尝枫树香气和银色月亮的味道。然后他们谈到了自己，谈到了父母，谈到了男孩的所作所为以及他这样做的理由。我们在这里读到：

> 白天用来做事。
> 夜晚用来思考。
> 那正是妮娜的感受。
> 新的想法。其他的想法。
> 关于夜晚的想法。

妮娜的手电筒曾用过不止一次。它是一种现代的"人造"工具，用来寻找东西或照亮道路。它那聚拢的、如太阳般耀眼的、狭长的光束，能够穿透一小块黑暗区域。相比之下，月光是古老的、自然的，只能照亮黑夜，因此它的光是相对柔和的，传统上与想象、阴柔、下意识以及感情联系在一起。在银色的月光下，人们浅吟低唱，渴望相拥。

Moon（月亮）—la lune（法语的"月亮"）—loony（疯癫）。"To be loony"是一个可以追溯到19世纪70年代的俚语，意思是"变得疯狂"（to be mad）。而英语"mad"的意思是疯狂，也可表示非常愤怒。《齐柏林的秘密》中有大量关于愤怒的内容：愤怒是故事情节的基本元素。男孩正是因父母不关注自己而感到愤怒才离家出走的。

"关注"也是一个关键词，在某种程度上算是。我们需要光线照亮周围才能找到要走的路。我们需要眼睛才能看到被光照亮的地方。我们需要双脚才能去往我们想去的地方。我们需要双手才能抓住我们想要的东西。最重要的是，我们需要关注。当我们爱一个人的时候，我们会关注他／她——全身心地关注就是爱。然而关注也可能变成自私、自大，这正是妮娜感觉压抑的原因。关注也可能是缺席。

> "他们总是不停找我。"妮娜说。
>
> "他们从来不找我。"他说。
>
> "他们总是问我在做什么，在哪里。"
>
> "他们从不问我在做什么，在哪里。"
>
> "我几乎不能做我想做的事。"
>
> "我总是想做什么就做什么。"
>
> "我从没感受过独处。"
>
> "我总是一个人孤独。"

妮娜给了男孩他所需要的关注——给他鞋子好让他能四处走动，偷偷给他食物好让他不至于饿死，听他倾诉，接受他本来的样子。男孩让妮娜意识到她自己的尴尬处境，并且给了她一个无私的理由，一个让她有动力实现自己所需自由的理由。最重要的是，《齐柏林的秘密》其实是一个爱情故事。

这个故事，以男孩比女孩懂得多开头，以女孩比男孩懂得多结尾。"你甚至还不知道我的名字呢！"在故事的最后一页，当妮娜离开男孩躲藏的洞穴时，男孩这样说道。"不知道，"妮娜回答，"但我知道你是谁。""你也不知道'齐柏林'的意思！"他说。"不知道，"妮娜回道，"但我知道如何用它。"知道魔法如何起作用，即使还不知道它是什么意思；知道生命的奥秘在于对生命本身给予足够的关爱，即使尚不清楚生命的含义——这就是这本书的真谛。妮娜找到了她的路。因此她才能关掉手电筒，在月光的陪伴下走回父亲的身边。父亲正在树林的边缘等着她，花园小径到这里止步，另一头则一直通向家。

贯穿全书的对偶关系暗示了进出这个故事的路径不止一条：

——枫树相对于森林。

——妮娜的避暑别墅与另一个地方：枫树、森林、远方的土地。

——有围墙的花园与外面没有围墙的世界。

——成年人与儿童。

——男孩与女孩。

——好的与坏的。

——室内与室外：在房子内部，在室外的花园和森林里；

在枫树里，在枫树外；内在的自我和外在的另一个自我。

——看与被看。

——意识与无意识。

*

一个好故事，无论第一次读起来有多简单，在叙事主线中都可能蕴含着更多故事。那么这本书究竟包含多少个故事呢？

我们熟悉的假日冒险题材是《齐柏林的秘密》这本书中最显而易见的故事。妮娜的经历是一场内心的冒险。有待发现的宝藏，有待解开的奥秘，有待忍受和克服的考验，其实也是精神上的宝藏，意识上的奥秘，以及心灵与情感上的考验。

用接受主义文学理论的一个术语来说，托摩脱·蒿根将这场假日冒险"陌生化"，将那些人们过于熟悉的东西变得不再熟悉。他不是在描述故事，而是在重新描述故事。

《齐柏林的秘密》是一个家庭故事。两个家庭在表达爱的方式、给予关注的方式、隐藏或讲述真相的方式上都形成了对比。父母对孩子的责任是什么？如果有的话，孩子在多大程度上对父母有所亏欠？成年人认为哪些事情是不该告诉孩子的？作为成长的一部分，孩子在什么情况下有必要而且应当为了"做自己"而"我行我素"，即使这意味着违背或欺骗父母？归根结底，当下究竟应该如何做个小孩？

这个故事对上述每个问题都有所涉及，并且是以亲自调查而非直接提问的方式在寻求答案。所有的故事，因为总是免不了要提到行动、角色和动机，因此从本质上都有着自己的一套道德体系。只不过有些故事因为关注道德问题，会针对一个角色的行动进行追问，这里的"为什么"主要"围绕"道德问题展开，而另一些故事则试图忽略道德问题，机场惊悚片往往就属于后者。文学理应属于前者，而用来消遣的拙劣作品则属于后者。在阅读《齐柏林的秘密》时，我们很难对其中提出的道德问题置之不理，因为它牵涉到一个家庭的重要转折点，我们的注意力必定会主动集中到角色的行为上。（"主动集中到"，而不是"被引导到"，这两者的区别在于作者和读者在文本中的关系。像托摩脱·蒿根创作的这类作品，会要求读者积极主动、高度自觉地关注故事，而无意使用耸人听闻的叙事手法或充满诱惑的叙事技巧来吸引读者的注意力。）

这个家庭的"度假大戏"发生在哪里？背景往往是决定故事意义的重要因素。这里是一座避暑别墅的花园，花园栅栏外是森林和田野。人们对新故事的理解往往依赖于对已知故事的了解。也许是因为我的个人经历，《齐柏林的秘密》中的花园元素让我立刻想到英国文学一向喜欢将封闭的花园作为故事发生场景的传统。在儿童读物中，弗朗西丝·霍奇森·伯内特（Frances Hodgson Burnett）的《秘密花园》和菲莉帕·皮尔斯（Philippa Pearce）的《汤姆的午夜花园》（*Tom's Midnight Garden*）就是这种类型的代表，当然还有更多。在这些书中，英国人对失落的田园的念念不忘，关于亚当发现了只有上帝才知道的秘密而被逐出伊甸园的神话，以及我们在梦中上演的关于长大成人的心理剧等元素彼此共鸣。

发生在封闭花园中的故事，最终都会走向出走、挣脱和成长。通常情况下是一个角色帮助另一个角色逃出藩篱，有时前者会牺牲自己的生命或者被困住，从而实现另一个角色的成长与生存。在《齐柏林的秘密》中，开始的时候是男孩让妮娜得到勇气，但最后，充满自信的妮娜突破障碍，又回到花园，回到了等待她的父亲身边，她可以自由地做自己。而那个男孩，不仅仍留在森林里，而且仍躲藏在那个（类似子宫的？）洞穴里。妮娜心想，他一定会在那里待上一百年。他还没有准备好长大成人。

这一系列的行动，包括一个男孩和一个女孩，一座房子，一座花园，一处森林，一次出逃，最后是一次重返家园。这一切都令我想到另一种故事——童话故事，尤其是《汉赛尔与格莱特》（*Hansel and Gretel*）。在那个版本的故事中，囚禁孩子的是毫无母爱可言的母亲，不是占有欲过强的父亲。但同样是一个男孩，虽然最先想到要逃跑，却无法坚持到底，反而是女孩"找到了出路"拯救了两个人。在这两个故事中，都存在父母关系破裂，以及因为偏差的爱而导致亲子关系出现问题的情况，而且它们都是以男性和女性特质的相互作用作为叙事交叉点的。《汉赛尔与格莱特》和《齐柏林的秘密》的结尾都是主人公们回到家，并且因为理解的加深而修复了与家人的关系。那些没有回来的人要么死去，就像《汉赛尔与格莱特》中的继母，要么仍在学习，就像《齐柏林的秘密》中的男孩，仍需要时间消化并理解生命的代价，然后才能在森林后面那个相当于子宫的洞穴中长大成人。

大量直接线索都表明，叙述者就是希望我们建立这种联系。

"齐柏林——"

一听就像是童话故事里才有的东西。

"辛姆萨拉比姆""阿布拉卡达布拉""芝麻开门"[1]，找到藏在洞穴里的宝藏。

童话中的宝藏。

但"齐柏林"是写在一只真正的蓝色训练鞋上。

在叙事构思上，《齐柏林的秘密》透过一只属于青春期男孩的略显破旧的训练鞋，将童话故事与日常现实结合在一起。托摩脱·蒿根以人们耳熟能详的童话模式开启整个故事，随后逐渐向一些经典文学惯用的叙事手法靠拢，即以当代日常生活为背景，以角色为基础进行道德层面的审视。

也正是在青春期，我们才开始拥有真正的自我意识，才开始探究个性的秘密和行为的动机。而杰罗姆·布鲁纳（Jerome Bruner）所谓的"叙事虚拟化"[2]，可以帮助我们理解身为男性或女性究竟意味着什么，在道德上勇敢又意味着什么，以及成年人的生活是多么的复杂和微妙，绝不是简单地将人或者经历划分为好与坏、对与错、公平与不公平、这样或那样……诸如此类的泾渭分明。

---

[1] 译者注：这几个词是外国小孩子经常说的魔法咒语。
[2] 作者注：布鲁纳认为，"文学作为一种艺术形式的功能，就是让我们以开放的心态去面对矛盾与假设，面对文本可以指向的各种可能的世界。我之所以使用'虚拟化'（to subjunctivize）这个词，是意在减轻这个世界的呆板和平庸之感，强调更多重建的可能。文学使事物虚拟化、陌生化，让原本显而易见的事物变得模棱两可，也让原本不可知的事物变得不那么陌生，在价值问题上，无论是理性上还是直觉上，文学都更加开放。在这种精神的指引下，文学成为实现自由、轻盈、想象——是的，当然还有理性——的工具，成为我们抵御漫漫长夜的唯一希望"。

所以，在我第一次读完《齐柏林的秘密》后，我都有哪些发现呢？用一句话概括就是：我发现了一部运用童话故事中的心理学象征元素来描写当代生活的小说。这是一个发生在家庭度假期间的冒险故事，场景设定在一座封闭的花园和花园外的一片森林两个区域。然而作者笔锋一转，将童话变成了一出心理剧，采用"去标识化"的叙事方式，讲述了从童年时期的依赖与顺从，到逐渐认识到什么叫"做自己"，什么叫无私地照顾对方，什么叫接纳对方本来的样子的心理成长过程。我越是思考，就越发现自己的注意力集中在小说对妮娜走出阴影的描写上，妮娜先是从她父亲的阴影中走出来，然后从树上那个男孩的阴影中走出来。到最后，两个男性角色都停滞不前，界限也逐渐模糊。妮娜的父亲在花园小径的尽头等着她，而妮娜则穿过那片野生的森林去寻找男孩。她发现男孩正躲在一个山洞里。男孩拒绝接受妮娜帮他安全回家的安排，但她继续提供帮助——"整个夏天我都会待在这里，我想也许我们可以成为朋友"。之后妮娜离开了，男孩依然不肯走出去一步，妮娜却回到了等待她的父亲的身边。一切尽在女孩的掌控之中。男性角色要么听从她的调遣，要么就是在她的要求下才肯前进、继续保持与周围世界的联系。

　　我意识到，如果这样读《齐柏林的秘密》，就相当于是把它当作一个现代女权主义的故事来读：这里所说的"女权主义"不是狭义的、政治意义上的女权主义，而是指心理和社会意义上的女权主义。我有一位加拿大朋友莉萨·保罗（Lissa Paul），她是一位非常具有同情心的女权主义评论家。莉萨曾向我们展示评论家是如何对一个故事提出问题以便揭示它的性别立场的，我也学着为《齐柏林的秘密》安排了一些问答游戏，当然这些问题也适用于其他很多儿童书籍。

谁在说话，谁在看？ 经常是男性角色在说话，妮娜在听，妮娜在看。

谁发号施令，谁服从？ 一开始总是男性，然后角色逐渐转换，直到最后，妮娜获得了道德上的力量与自我意识。

谁在上层，为什么？ 举个例子：当妮娜第一次遇到那个男孩时，他在"树顶"，他高高在上地命令妮娜帮忙，确保自己不会掉下来。到最后，妮娜站在洞穴的入口处。虽然从字里行间看不到，但我个人有一种强烈的感觉：她正在低头看着那个男孩，而男孩则畏缩地躲在洞穴深处。毫无疑问，那个时候的妮娜无论在道德还是心理上都处于"上层"。

谁待在家里，谁走了出去？ 回想一下那些充满约翰·福特（John Ford）[1] 风格的西部片，或者关于牛仔的童话故事，在故事的最后，男主角骑马离开，而他的爱人则站在犹如洞穴般的小屋的门口，目送他远去。在《齐柏林的秘密》中，那种男性秩序传统在很大程度上被颠覆了，女孩不仅成了"主角"，而且她在冒险期间并没有让任何人在后方为她忧心，可以说她远远抛开了所有家庭牵绊。

谁赢谁输？谁为荣誉而战？谁撒谎，谁逃避？ 这些问题揭示的真相最为有趣。

---

[1]　译者注：约翰·福特（1894—1973），美国著名电影导演、制片人，被称为"美国西部片大师"，以强烈的个人风格深刻影响了"西部片"这一电影类型的发展。

伟大的意大利小说家及评论家伊塔洛·卡尔维诺在他留给我们的遗赠《新千年文学备忘录》（*Six Memos for the Next Millennium*）中写道："在那个静候我们的更加拥挤的新时代，文学必须以诗歌和思想的最大限度的集中为目标，"稍后他又补充道，"我想说，当下即使是长篇小说也证实了'言简意赅'原则的正当性。长篇小说的结构逐渐变成可累积的、模块化的、可组合的。"《齐柏林的秘密》恰恰为卡尔维诺的说法提供了一个完美案例，最大限度地考虑了儿童。这类小说实在少之又少。据我观察，这正是困扰儿童文学的危机之一——当然我指的是在英语国家。如今，大多数面向小读者的小说和绘本都有固定的套路，大同小异，一成不变的标准化包装，看起来就让人联想到那些大规模制造的物品。然而，正如卡尔维诺所指出的那样：

在这样一个时代，那些传播速度极其迅猛的媒体正大行其道，然而风险却是交流形式的扁平化，所有的交流形式都被压缩为一个单一的、同质的平面。而文学就是因为事物与事物之间存在差异，才要促进它们之间的交流。依靠书面语言的天赋异禀，文学非但不会削弱不同事物之间的差异，反而会令这些差异更加凸显。

任何能帮助我们为儿童做到这一点的书都具有不可估量的价值，《齐柏林的秘密》就是其中之一。我一个字都还没读，就看出这本书与时下为英国青少年出版的大部分书都不一样。这种"可累积的、模块化的、可组合的"的结构，在被安排成短小精悍、按数字标注的段落以及像散文般简短而凝练的句子中，得到了再明显不过的体现。它令我立刻联想到玛格丽特·杜拉斯的《情人》（*The Lover*）和 J.M. 库切（J. M. Coetzee）的《福》（*Foe*）这样的小说。

后来，有人向我提到了另外一位作家的名字。我曾在南澳大利亚州阿德莱德的一次讲座上谈到《齐柏林的秘密》。讲座结束后，一位名叫简·斯图尔特（Jan Stewart）的高中老师告诉我，这部作品深受她和学生的喜爱，并且让她想起了另一位挪威小说家塔尔耶·韦索斯（Tarjei Vesaas）的作品，尤其是《冰宫》（*The Ice Palace*）。我当即不得不承认自己从未听说过韦索斯。于是，简把自己拥有的所有韦索斯的英译本作品都借给了我。以下摘录的是伊丽莎白·罗坎（Elizabeth Rokkan）翻译的《冰宫》第一部分第四章的开头，标题是"路旁"：

希斯想跑回家。一瞬间她陷入了对于黑暗的恐惧，盲目挣扎着前行。

它说：在路旁的就是我啊。

不，不！她的思绪狂乱。

我来了。它在路旁这样说。

她拼命跑，知道有东西亦步亦趋地跟着她，就在她身后。

它是谁？

从乌娜家出来直接陷入黑暗。难道她不知道回家的路是这样的吗？

她知道，但她那时候必须去乌娜那里。

冰底下有声音。那声音肆意穿过平坦而广阔的冰原，似乎消失在某个洞穴里。仍在增厚的冰层恶作剧般地想要制造出一条长达一英里的裂缝。希斯听到这声音吓得跳了起来。

脚步踉跄。她没带任何能在摸黑回家的路上防身用的东西。她的脚步也不像刚刚前去乌娜家的路上走得那般坚定。想都没想，她便跑了起来，结果很糟。一瞬间只剩她孤身面对某种未知的东西，某种专门在这种晚上跟在你后面的东西。

《冰宫》于1963年以挪威语首度出版，1966年推出英译本。13年后的1976年，《齐柏林的秘密》首次以挪威语出版。后者在思想和语言的呈现上更为凝练；在语法和散文编排上进一步删繁就简；叙述者的意识也有所转变，与核心的儿童角色更加紧密地重叠起来；对比1966年版的韦索斯作品英译本和1991年版的托摩脱·蒿根作品英译本，也能看出两位作者对小说语言的不同追求。接下来我们就将上面的文字与《齐柏林的秘密》中的一段文字进行比较。请记住，希斯和妮娜其实年龄相仿：

妮娜盯着黑黢黢的云杉树下那条弯弯曲曲的小路。

这条路一直延伸出去。

她站在原地。

突然之间她感觉到了。

有人在看着她。

那**目光**扫过她的后背，让她脖颈发凉。头皮也发痒。

她慢慢转过身。

没人。什么都没有。

但就是有人正看着她。她试着迎上那道**目光**，但该往哪里看呢？

她扫视了一下花园。

试图看清灌木丛的那一头。

试图透过树叶往另一边看。

出来！她想，但没有人出现。

她站在原地等。背对着栅栏。面朝着小路，朝着树林，朝着树下的那团漆黑。

天似乎更黑了，光线变得暗淡，风刮得更猛了，鸟儿在厉声尖叫。

突然，她发现有个又大又黑的东西正沿着小路爬行。

在思想气质和语言结构上，这两段可谓是同宗同源。当然，在接连读完这两本书后，我被这种共性的氛围所震撼。不仅因为故事本身的相似性，还在于故事的背景和作者创作态度上的相似。它完全不是英式的、美式的，或者澳大利亚式的。我发现自己很想知道韦索斯的影响力究竟有多大，他影响蒿根的可能性有多大，因为作家时常会感到他们的前辈正看着自己，引导着他们那只正在写作的手。挪威读者是否普遍认为《冰宫》和《齐柏林的秘密》之间存在一脉相承的关联？剑桥大学挪威语讲师罗杰·G. 波普尔韦尔（Roger G. Popperwell）在《企鹅文学指南》（*Penguin Companion to Literature*）中是这样评价韦索斯的："能够极其敏感但很克制地挖掘体验、感官印象和沉默的细微之处，对读者心理造成重大影响，是其作品的鲜明特点。"他在 20 世纪 40 年代推出的作品具有"紧凑的、象征主义风格"，其凭借《冰宫》等"更具象"的小说，开创了一个新时期。波普尔韦尔最后还评价了"他作为一个抒情诗人和心理学家的特点"。在我看来，这一切同样可以用来形容托摩脱·蒿根。

《齐柏林的秘密》的叙事技巧让我想起了另一种文本形式——影视剧本。整个故事的编排就像是一部电影的剧本，里面有按照顺序编号的镜头，负责阐明视角和行动的旁白，有一些对话但却没有具体说明应该怎样演，还有用来说明背景、设计、灯光的简要标记。另外，有一个问题是剧本一向无法完美解决的，却恰恰成了这部小说最大的闪光点：内心戏，即关于头脑和精神层面的活动。《齐柏林的秘密》即便是在这个方面也处理得非常巧妙，只要演员和导演足够优秀，就一定能找到办法在没有明说的情况下演绎好这个角色。剧本形式在书中的存在感是如此强烈，我甚至敢打赌，托摩脱·蒿根绝对是一个电影专业的优等生。[1]

《齐柏林的秘密》英文版于 1991 年在英国和澳大利亚出版，1994 年在美国出版。在英国几乎没有引起批评界的注意。我的意思是，相关的评论文章寥寥，电视或广播也并未提及。最积极的评价来自玛格丽·费舍尔（Margery Fisher）在 30年前独自创办的评论杂志《增长点》（*Growing Point*）。在她看来，这部小说是对家庭生活的社会学研究：

《齐柏林的秘密》中包含着童年的冒险元素，妮娜为这个有着奇怪名字的男孩找回了一只丢失的训练鞋，并爬进了他的

---

[1] 作者注：在主持完庆祝托摩脱·蒿根 50 岁生日的研讨会之后，我得知蒿根确实是一个狂热的电影迷。

避难所，听了更多关于他那对冷漠父母的事，以及他为了对抗父母的忽视而决定积极反抗的计划；但当她冷眼旁观父母尊长的压迫，并代表所有孩子勇敢说出内心想法时，她变得更具判断力了。这部作品来自挪威，在编排上用短小的段落来表示场景或角色上的转变，用较长的段落描写屋内或花园场景。整个故事的叙述风格简洁、疏离，以此避免对两个年轻人过度干扰。这两个角色说话时的情绪和口吻体现出一种对当代家庭观念的探索。（《增长点》，1991 年 7 月）

1991 年 3 月 14 日，伊娃 · 沃尔伯（Eva Walber）在《东方每日快报》（*Eastern Daily Press*）上就这部作品发表了共 14 行的评论。她在最后写道："这本书对忠诚、诚实以及亲子问题进行了深刻且敏锐的探索，书的风格给人一种充满张力的战栗感。"萨拉 · 巴尔德森（Sarah Balderson）是一名中学教师。她在 1992 年的《埃塞克斯评论》（*Essex Review*）上撰文认为，这部小说：

很奇怪，很难说我是否喜欢。……这本书有一种童话的味道：语言和情节都很类似于童话。……这本书的一个突出优点是编排简单，因此很容易读懂。此外，它的选词也直接明了，符合孩子看问题的视角。这本书读起来很简单，但确实传达了有关成长和亲子冲突的信息，年龄大一些的孩子很容易就能发现这一点。……值得一读！

这本书出版之后的很多年里，平装书出版商（如今他们掌握着书籍是否畅销的生杀大权）始终对它不闻不问，视它为"不适合大众市场"的"文学"作品。我所说的是英国的情况。

在澳大利亚，儿童书籍批评文章的发布渠道要比目前英国的多，对这本书的反响确实也更为热烈。琼·扎恩赖特（Joan Zahnleiter）是一位经验丰富、阅读广泛的图书馆员。她在 1991 年 7 月的《喜鹊》杂志（*Magpies*）中写道：

事实上，这个心理悬疑冒险故事具有多层含义。读者一气呵成地读完这些简短文字，寻找为数不多的线索，发现故事中的大人试图建立一个令他们自己感到恐惧的幻想世界。对于妮娜和那个穿着蓝色训练鞋的无名男孩来说，短短几个夏日和夏夜所发生的一切，实际上是一场成人礼。他们从具有依赖性的孩童，变成了想要掌握生活发言权的年轻人。……对这两个年轻人来说，妮娜的森林夜行揭示了另一重幻想世界。她用暗语"齐柏林"挫败了试图伏击她的邪恶力量。

在《阅读时代》（*Reading Time*，澳大利亚两大主流童书评论杂志之一）第 35 卷第 3 期中，评论者写道：

这个故事有时是现实主义的，有时是超现实主义的，它对即将结束童年、进入青春期的孩子提出了几个核心问题。主角逐渐意识到，父辈的世界观并不一定准确、合理，有时甚至是不可理喻的。本书体现出一种个人主人翁意识与感官意识上的内在成长。最终，或许也是最耐人寻味的是，故事的结局并没有给出一个简单明了的答案。虽然这篇评论可能会令人误以为这部小说饱含人生哲理，但其实并非如此。这个故事主要还是一个极具魅力、充满诗意又富含悬疑的故事，体现出了真实的情感挣扎。

1994 年，这本书的美国版以《保守秘密》（*Keeping Secrets*）为名出版发行，反响和在英国一样好坏参半，且销量一般。"这本书的版式并不常见，"颇具影响力的杂志《出版人周刊》（*Publishers Weekly*）这样报道说，"句子充满诗意，每段都有编号，乍看之下略显矫揉造作。然而一旦这种陌生感消失，这种结构就会成为一套严肃的框架，构建起一个如梦似幻却又能唤起读者强烈感情的文本。"莎伦·科贝克（Sharon Korbeck）在同样具有影响力的《美国学校图书馆学刊》（*School Library Journal*）上写道："接近尾声时，随着更多情节被展现出来，整个作品变得更加清晰、更加流畅。然而对于'齐柏林'这个词的含义和魔力，书里自始至终只字未提。句子结构令人困惑、缺少悬念，使（他的）小说减色不少，读者肯定也很疑惑，不知道作者为何要这样做。其中的奇幻元素不足以撑起一部奇幻小说，而它的现实主义色彩又太过模糊。"

《儿童图书中心会刊》（*The Bulletin of the Centre for Children's Books*）也提出了类似的观点："虽然书中仅从对方的角度对孩子和父母的性格进行了十分抽象的刻画，但情感张力还是足够的，因此读者可能会原谅这种偷工减料的处理手法。"另一方面，综合图书评论刊物《柯克斯书评》（*Kirkus Review*）——该刊以敏锐的文学洞察力和严肃的评判闻名，但它并非一本专门从事儿童读物批评的刊物——是这样总结对这部作品的看法的："故事被分成 150 段，一种不加修饰的诗歌风格，在梦幻的、漫不经心的叙事过程中逐渐浮现。而妮娜曾经模糊的自我意识也在这个过程中愈发坚定地把握住了这个世界和她自己。"

1995 年，哈珀·柯林斯（HarperCollins）集团（美国）认为《保守秘密》销量惨淡，继续出版并不明智，因此低价清空库存，此后也未曾再版。

上述短评为我们提供了很多有用的素材，可以帮助我们了解儿童文学批评家是如何看待儿童的特点与阅读的本质，以及批评家是如何作为书籍的向导和评论员的角色而存在的。

掌握公众话语权的成年人的主要观点如上所述。那么年轻的读者自己是怎么看的呢？我有一盘 25 分钟的录像带和 3 封来自 10 个女孩的信，她们都是南澳大利亚州阿德莱德威德内斯女子学校的 13 岁学生。正是他们的英语老师简·斯图尔特让我注意到韦索斯和蒿根之间的相似性。我问简，她的学生中是否有人在读《齐柏林的秘密》，是否愿意跟我分享她们的感想。以下是读后感录像的内容摘要：

——所有的女孩都喜欢这本书。她们说，《齐柏林的秘密》——我把大家的关键词总结起来就是——"很有原创性"，尤其是在"设定方式和风格"上，它那"与众不同的写作风格"显得"非比寻常"。她们都觉得这本书一开始读起来有点儿"奇怪"，但读了一段时间后就觉得"非常正常了"。

——故事讲的是"妮娜的两面"，好的一面和坏的一面；以及两种类型的父母，一种是"约束型"，一种是"放任型"。

——故事讲的是妮娜拥有和保守的秘密。

——妮娜是家里唯一的孩子，这一点影响很大。因为独生子女的父母与多子女家庭的父母，他们的做法并不一样。

——妮娜唯一想做的就是她自己。

——她们都提到了故事中关于日与夜、好与坏的双重性，而且都很喜欢这种设定。

——男孩帮助妮娜"突破"，开始做自己。但是一个女孩提到，这个男孩或许并不是真实存在的，而是想象中的。鞋子本来就在那里，但男孩很可能是妮娜创造出来配合这个故事的。（这个观点没有得到大家的普遍认同。）

——捡起鞋子是妮娜"爆发"想要"做自己"而迈出的"第一步"。（没人对这双鞋子和妮娜迈出的"第一步"做出回应）。

——故事的"结尾像童话"，"文中有一段说，这就是一个童话"。

——她们喜欢这样的结局，尽管一开始有些人对结局难以释怀（她们想知道，男孩到底怎么样了？），"但只能如此了"。

——最后父亲敢于"独自站在那里"。"其实是敢做什么呢？离开对方……独立……一家人不再以从前那种方式相处。"

——你必须"成为你自己"。

她们注意到这本书和其他书有何不同之处？

——章节很短。"行文犹如诗歌。"读起来不费劲，能一直吸引你读，尤其是一开始的时候，就像诗歌一样，而且一个女生还提到里面包含很多"关键词"。有人说，每一章都是"一个概念的集合"。还有人说，每一章都代表着一个"画面，就像一张快照"。

——她们开始都不太适应这种讲故事的方式，但很快就习惯并且喜欢上了这种方式。

——她们还喜欢一点，就是其中并没有对于角色的"描述"。

我从一些英国学生那里听到的经过深刻思考的评价也与之类似。其中年龄最小的孩子只有9岁，还有一些则是准备成为老师的大学本科生。他们都有一个共同的感受：《齐柏林的秘密》并非多数人的主动选择，它需要由某个中间人进行推介。我的个人经验是，最好少谈故事本身，只需要大声朗读第 17 章到第 21 章。在这部分内容里，妮娜和父母来到避暑别墅，发现有人闯入，并找到了蓝色训练鞋。这些就足以引起读者阅读的兴趣，并展示作者的叙事方式。这种类型的作品，读之前不宜多说，读完之后却值得大说特说。

在此，我想重申之前提到的观点——要做出有价值的判断，以及要对别人的阅读负责。不可避免的是，处于学习过程中的阅读者——事实上，包括我们所有人——都要先依赖别人为我们选择书，然后才能学会自己选书。对于价值的判断，关于向年轻读者介绍这本书而不是那本书、现在就推荐这本书而不是等以后再说，这样的选择从来都不容易，而且牵涉到各种教育、政治和道德问题。这样的选择不应该由个别教师和图书馆员自行判断。我们所有承担这份责任的人需要彼此交流，以便决定如何以最好的方式向年轻读者推荐书。推荐书单以及推荐标准都会不断调整，这很正常，而且不可避免。关键是如何调整：应该倾听谁的声音，应该如何表达意见，需要提出哪些问题。身为一名教师，我从来没有想过要问学生一些上文提到过的女权主义问题。现在却有一位同事善意地建议我应该问一问这种问题。于是我对一些儿童读物的看法改变了。借用韦恩·C. 布斯（Wayne C. Booth）在《我们所交的朋友：小说伦理学》（*The Company We Keep: An Ethics of Fiction*）中的话："我们的目标不是只把我们认为和据说最好的东西装进旅行袋，而是要展开多种形式的批评交流，以拓展我们文学鉴赏的广度、深度或精度……这种谈话可能是有所收获的——它不仅仅是在交流主观意见，也是一种大家彼此学习的途径。"

这项任务迫在眉睫。作为专业人士，我们需要知道如何更好地交流，如何更好地帮助学生分享阅读感受。我个人读完《齐柏林的秘密》的感受是，它在当代儿童文学中的地位太特殊了。我想用这部作品开篇的几句话来概括总结：

　　最好当心。

　　"齐柏林"——这个词在心头一闪。

　　好像有光。

　　妮娜闭上双眼，让它没入自己的身体。

　　太奇怪了——

　　这个词似乎真的落在了她内心的某个地方。

■ 第七章

书籍的未来

The Future of the Book

20 世纪 80 年代末的某一天，我在电视上看到了对微软总裁比尔·盖茨（Bill Gates）的采访。他说：大约再过 25 年，目前出版的纸质书中将有 80% 永远消失，其功能将被电子传播形式所取代。图书馆和书店也会与现在截然不同。同一时期，电脑软硬件领域将掀起一场革命，其意义之重大不会亚于二战后 50 年里我们所经历的任何一场革命。"一场伟大的革命，"他对采访者说，"超乎你的想象。"

那一刻我不禁忧虑起来。因为我是一个纸质书籍的"死忠粉"。直至我生命的最后一刻，只要我的各项身体机能还允许，我都会是纸质书的忠实读者与作者。但随即另一个想法又浮现在我的脑海：如果 80% 的书消失，那就意味着还会有 20% 保留下来。盖茨对这方面只字未提。哪些书会留下来？为什么？倘若我要继续坚持阅读和写作，倘若我要以读书人的身份继续自信地生活，我需要知道答案。

关于**书籍**的特点，我们现在**了解**些什么？何谓书？在我作为学生和老师的一生中，从来没有人让我给"书"下过定义，或认为我们有必要明确描述这件物品。这并不奇怪。作为一种占据主导地位的传播工具，我们将书的存在视为理所当然。（想想电视，如今它作为一种传播媒介——有任何人告诉过你它的定义吗？或者说，你觉得有必要亲自为它下定义吗？）只有当这件物品面临威胁，或即将被另一种传播媒介夺走其主导地位的时候，我们才会开始认真思考：为什么它是必需品，它是否仍是必需品。**书籍**当下的处境正是如此。

有一次，我在给一群师范专业的本科生上课，我们尝试为书籍拼凑出一个站得住脚的定义。一节课上完，我们终于发现**书籍**确实具有某种独一无二的特性。尽管字典里的标准定义也有一定帮助，但我们认为其中还是忽略了一些**书籍**的本质特征，即令**书籍**具有独特价值的一些特征。

我们不断提醒自己，一个定义必须仅包含所定义对象的基本特征，不能附加任何限定条件。于是我们便开始探索。

书是——

我们迅速就一项基本特征达成共识：书是由若干书页组成的。一页纸，无论单面还是双面，都不能称之为书。把一页纸折成好几页也不算。松散的纸张，无论有多少页，也不是书。一本书必然有很多页，且所有页面必须以某种相互关联的顺序组合起来，构成一个整体。因此，书是——

有先后顺序的很多页面

当然，我们都赞同书是用来传播内容的。把空白的页面订在一起不能叫作"书"（book），除非在"book"这个单词前添加一些表示目的的限定词，比如空白的"drawing book"（画册）、"note book"（笔记本）、"account book"（账簿）。这些都是初始状态的"书"，等待人们在空白的页面上书写交流的符号。它们是"将书未书"的状态。

此外，这些符号——字母、文字、图形、图表、地图、音乐符号、艺术绘画或技术绘图、数学和科学公式、建筑平面图等等——可以通过多种方式写到白纸上：用铅笔、墨水笔或毛笔手写，用传统的机器印刷方式，以及现在用电子笔来写。不用纸张，而是用能显示电子符号的合成材料来制作书页的时代已经不远了。到那个时候，书页既可以集结成册，也可以像我们现在看到的这样，以电子"阅读器"的形式呈现——这是一种像书一样的设备，带显示屏，没有单独的页面，却可以像传统书籍那样逐页显示文本内容。因此，我们不能一概而论地说，书就是（或者将来也一定是）按照我们早已熟知的方式印刷出来的东西。符号可以通过各种各样的方式呈现在页面上。只要传播内容的途径与**书籍**的定义中必备的其他特征相符，那么符号是如何呈现出来的其实并不重要。于是我们知道，书是有先后顺序的很多页面，

上面显示有

符号本身也传达了不同的意思。我们读书，是因为书"产生意义"，不仅能产生一种意义，还能产生很多种不同的意义；不仅有一种表达方式，还能有很多种表达方式。因此我们在给书下定义时，需要一个能涵盖所有这些意思的措辞。一些书上的符号可能是抽象的、不具备约定俗成的意思——等同于抽象绘画的那类书。严格地说，这种符号已经不能称为"符号"了。因为单词与形状关联起来要能体现约定俗成的意思，而非约定俗成的、没有具体所指的抽象形状，需要读者或观者赋予其新

的意思。我们发现，这是关于书的定义中最难解决的问题。最终，一个平淡无奇、老掉牙的措辞得到了大家的一致认可，毕竟想要同时兼顾文雅、概括和简洁真的是太难了。因此，书是有先后顺序的很多页面，上面显示有

传播意思的符号

到这里我们意识到，即便是将一组松散的、带有交流符号的页面组合在一起，再用页码标注顺序，也不足以构成一本书。我们认为，想要成为一本合格的书，就必须将书页以不可更改的方式装订到一起。[1] 因此，书是有先后顺序的很多页面，上面显示有传播意思的符号，

所有页面都要装订在一起

我们一度认为这应该就是比较完整的定义了。我们原以为装订只是为了把书页固定到一起，避免丢页、错页。但随即我们注意到接下来的这个问题：所有的元素——包括页面，也包括所有传播意思的符号——都被装订到了一起。我们这才意识到，将所有东西装订起来其实具有更深刻的意义，绝不只是为了防止页面遗漏或排错。

---

[1] 作者注：也有极少的书故意不装订，比如 B.S. 约翰逊（B. S. Johnson）的小说《不幸的人》（*The Unfortunates*），所有松散的书页都被装进一个盒子。这种罕见的刻意为之的装订方式恰恰从反面证明了上述规则。

这个想法引出了下一个问题：是**谁**决定将所有内容以特定顺序装订在一起的呢？这样做的目的不只是防止意外丢失或混乱，也是为了确保没有人能对内容进行蓄意篡改。答案为：是那个试图与我们交流的人，那个"编"书的人——作者。

是所传播内容的书写者、文本的编写者、作者，在选择符号、安排页码。而装订书的主要目的就是为了确保作者排好的顺序能够保持原状，不被打乱。

我们立刻意识到，这次大家发现的不仅是书的另一个基本特征，更是所有书的决定性特征——所有书都具备这个特征，也都取决于这个特征。这个特征彰显了**书籍**与其他所有传播形式之间的决定性差异。关键词就是——书在装订时，要

按照经过授权的顺序

只有对定义从各方面进行检验，才能确信这个定义是令人满意的。于是，经过进一步的推敲并与更多人进行讨论之后，我认为以下定义应该站得住脚：

书是——
有先后顺序的很多页面，
上面显示有传播意思的符号，所有页面都要装订在一起，
按照经过授权的顺序。

两类权威

为解决性别人称代词的问题，我在下文中用代词"她"指代作者，用"他"指代读者或书的使用者。

在英文中，author（作者）、authorization（授权）、authority（权威）均属同源词。我们立刻就可以发现，刚刚的定义恰好体现出一本书所包含的两类权威之一。

最重要也是最显而易见的，是作者掌握的主要权威。作者在书页上遣词造句，按照一定的顺序排列页码，再将页面装订到一起以表明她的意图。任何干涉——企图重新排列或删除某页、企图删除或改变文字的行为——都是一种忤逆。就其性质和目的而言，一本书要求使用它的人履行特定义务。其中一项义务就是：无论使用者作何感想，都必须尊重作者创作的完整性。

另一种权威，开始并不显露出来，但只要我们开始使用书，那么作为使用者或读者，我们也就拥有了和作者同等的权威。用户或使用者可以随心所欲地对待文本，对待书，因为谁能阻止他呢？他可以倒着读，跳着读，可以读一会儿停一会儿，可以读一部分剩一部分。如果读者愿意，他大可以把书当作门挡，或者——只要这本书属于他，他甚至可以把书页撕下来包东西或者点火。从这个意义上来说，正如我们经常听到的那样，读者是主宰，而作者对此无能为力。

然而，负责任的读者会尊重双方不成文的契约，即尊重作者的作品，不去篡改它。他会先试读，由此决定这本书是否符合他的胃口，是否值得他花时间去读。如果试读或初步的浏览能证明这本书特别有价值，他就会尊重作者的创作，接纳**作为一个整体的文本以及尊重既定的装订顺序**。的确，对于那些最杰出、最伟大的作品，必须反复品读所有内容，既要读引人入胜的章节，也要读枯燥乏味的章节。

从读者的角度来看，有一个道理显而易见：既然读者要对作者负责，那么作者也要对读者负责。作者必须在作品中尽其所能地表现出对读者的尊重——发挥她们的技能、知识、经验、理解、谨慎，最重要的一点是发挥她们调遣语言的能力。

这种相互尊重和两方权威不在于作者和读者的为人，而在于**书籍**。**书籍**是带给双方快乐的源泉。是**书籍**，在创作和阅读**书籍**的过程中实现了双方的权威。是**书籍**，实现了交流。是**书籍**，让作者和读者彼此的尊重和关注找到了落脚点和焦点。是**书籍**，将权力授予了双方。

负责任的作者和负责任的读者对此心领神会。他们谈论一本书是如何吸引自己的，如何让他们忘情地投入其中，如何支配他们，如何成为他们生活的一部分，如何改变他们（积少成多），如何增加他们的阅历和知识，促进他们的成长和性格养成。他们最看重的是那些在语言运用和观点表述上超越自身、探讨人类行为的书；是那些能与他们对话、能代表他们发声的书；是那些能将已知的道理讲得更透彻，同时又能传播更多未知的宝贵知识的书。

书籍与其他媒介

以上所述皆可作为事实。但如果是电影、舞台剧、电视、广播节目或者互联网上的文本，是否还是这样？**书籍**和其他传播媒介有何不同之处吗？有。

一个关键区别就在于，其他传播形式会有不同的信息诠释者在作者和读者之间进行沟通。以电影为例，会有制片人、导演、演员、服装、化妆和道具设计师、音乐导演、音效和灯光师以及剪辑师。他们每个人对文本的含义都有自己的看法——自己的解读。当然，占主导地位的往往是制片人或导演的意见。电影在制作过程中的一切都是为了向观众呈现这种解读。舞台剧、电视和广播也是如此（事实上包括各种广播电视节目，也包括"新闻"）。就算只是大声朗读一篇文章，也会发生同样的事情：朗读者在为我们解读文本。这位朗读者能让文章听起来生动有趣，而那位朗读者或许会让同一篇文章听起来令人感伤。至少我们不得不按照演绎者选择的速度听他们朗读和解释其中的意思。当然，是否能够接受或认同对方的解读则取决于我们自己。关键在于，在所有这些交流的形式中，我们都是他人解读的接收者。

但是当我们独自一人读书时就只能靠自己了。我们是掌握解读权——获取意义——的人。我们必须成为自己的制片人、导演、演员、灯光和音效师、音乐导演和剪辑师；不消说，当然还要自行承担文学批评者的工作。这就是为什么说读书是最难、最考验能力的交流形式。我们永远不能低估其中所涉及的技能和经验。比起从听广播、看电影或电视中获得的乐趣，要从读书中获得乐趣难上加难。然而我们从读书中获得的回报也绝非其他事所能比拟。

在写作和阅读一本书时，责任完全由个人承担，不受任何制度性权威的强迫。这是书的本质。也正因为这样，政治、宗教、经济和教育等各个领域的极权主义者才会对书籍感到困扰，才会竭力控制书籍的出版和发行，甚至上升到要禁书和焚书的地步。

书籍，是人类所属文明的象征，它将个体独一无二的观念与集体的观念结合在一起。在这种文化中，个体的完整性不应受到侵犯，例如谋杀和强奸、酷刑和攻击都是错误的。个体被赋予应有的权利。但与此同时，个体也被视作一个集体的公民，要对提供和保护上述权利的社会承担责任和义务。这意味着责任是相互的，对个体和社会都一样。

书是独立的物品，但种类上具有相似性，就像人类是独立的个体，但在种类上相似一样。书具有完整性，这种完整性不容破坏——撕掉书页，改变书上的文字，通过烧毁或撕掉"谋杀"这本书，达到消灭它的目的，这些都是错误的行为。但同样的，所有的书都属于一个大家庭，被我们称为体裁或类型；所有的书都属于一个集体，被我们称为图书馆。书本身就是任何创造和使用它们的人履行责任的焦点。

书籍不仅是人类文明的标志，我甚至可以说它是帮助创造人类文明的元素之一。**书籍**的双重权威，是根植于人类的文明、思维方式和行为中的双重权威。

换句话说，**书籍**的完整性是神圣不可侵犯的。

然而，在电子传播形式中（这种形式正逐渐占据上风，且在一部分人看来大有将**纸质书**取而代之的可能），无论是显示的内容本身还是其传播手段，都没有完整性可言。例如，我们现在都知道，你不能相信任何通过电子手段获取的信息的准确性，尤其不能相信从互联网上找来的东西。没有用户确切知道是谁把信息放到网上，转发的内容是否准确无误。在大多数情况下，要想找到谁该对网上的内容负责可不容易。但书上的信息和具体细节都是有法律规定的，包括作者、出版商、印刷商和版权持有者，这些人都要承担责任。

总而言之：再没有哪种口头传播形式或艺术形式能像文学那样，在书写的过程中由传播者充分掌控传播媒介；再没有哪种传播形式的接收者能像阅读那样，在读书的过程中由读者充分掌控传播媒介；再没有哪种传播形式能让接收者和传播者以如此直接而亲密的方式实现心灵的碰撞；再没有哪种传播形式留待接收者参与的体验能像留给读者的那么多；再没有哪种传播形式会像书一样造就如此密集、如此微妙、如此无穷尽的模棱两可、如此多重的意义。而这其中的奥秘（从某种程度上说是无解的）并不在于文字——整本书的印刷文字也可以通过电脑屏幕投射在你的眼前，但却不能产生同样的效果——而在于书页。

书页的奥秘

书页的奥秘究竟是什么？幼儿在学习识字的时候会本能地揭示出这个奥秘的其中一面。他们总是把书捧在怀里，用舌头舔，用小手挠。书和书页的存在感之所以这么强烈，就在于它们的触感。**书籍**，一种由书页组成的物品，在设计上为的是拿取方便。它的装订方式让人可以轻松翻动书页。事实上，捧在手里的书就像是手的延伸，而书页则相当于手指。书在阅读时的真实触感和天然性质，不仅愉悦我们的双眼，也舒展我们的手指。这些因素对阅读体验至关重要，因此也意味着它们对我们从阅读中领会意义至关重要。

一个文本通过什么媒介来呈现，会在很大程度上影响我们对这个文本的理解、态度和判断。读一份对开报纸和读书不一样；读小纸条上手写的信息和读宣传册上印刷的信息不一样；看孩子的作业本和看装帧精美的专著不一样。即便是同样的内容，在电脑屏幕上看和在纸质书上看还是不一样。

事实上，这个问题的影响极大，以至于当一篇文章呈现在两种不同媒介上时，我们读它的方式也会有所不同。举个例子。我当学校图书馆员的时候曾经做过一个实验。我在书架上放了几本精装的青春小说，想看看会发生什么，结果是无人问津。三个月后，我把同一本书的精装本换成了平装本，于是有很多人来借。再然后，我把精装本和平装本混在一起，精装本还是倍受冷落，平装本的借阅率却很高。我和一群读者讨论这个实验时，他们十分肯定地告诉我，精装本"没有那么有趣"，他们说精装本的故事"没有那么好看"。

再举一个例子。我第一次读詹姆斯·乔伊斯的《尤利西斯》（*Ulysses*）时，用的是博德利·黑德（Bodley Head）出版社发行的第一版。那本书外观呈方形，因为太大所以拿在手里很不舒服，而且每一行文字过长，眼睛容易疲劳。这让这本书读起来十分费脑，需要消耗大量脑力，因而显得太过"艰深"。多年以后，我读到了博德利·黑德发行的新版，这本书的尺寸要小得多，几乎等同于平装本的大小，拿在手里就像一本厚厚的《圣经》，行距也更紧凑。这回我不仅感觉读起来较为轻松，而且文字也更富有诗意，更能产生情感上的共鸣。我并不认为自己之所以有这种感觉，仅仅是因为这本书我前后读了有三四遍，也是因为这本书的版式看起来让人感觉更为舒适。据我所知，就像大多数人所说的那样，阅读屏幕上的文本和阅读印在纸上的相同文本，也存在巨大差异。（一个虽不起眼但很重要的例子：绝大多数和我聊过天的作家或编辑都曾说过，他们发现如果把文本显示在屏幕上进行校对，准确度就会差一些；只有把文本内容打印在纸上，才能确保校对工作万无一失。当然，这种情况也可能只是一时的。因为我们可能只是目前还更习惯于处理纸质文本，而非屏幕上的文本。或许在多年以后，人们就能舒服并准确地在屏幕上完成校对了，但至少目前情况并非如此。）

阅读纸质书上写的故事或者诗歌，那种体验显然不同于阅读屏幕上的同一内容。就我个人而言，阅读显示在屏幕上的文本，不仅从中获得的愉悦感更低，而且注意力也更不容易集中。因为不够耐心，所以收获更少，不容易领会文字的精妙之处。这或许是因为在阅读屏幕上的文本时，原本积极参与阅读行为的手和眼之间那种本能的、情感的和智力的联结被阻断了。（值得注意的是，我们在谈论屏幕上的文本时，往往会用手指触摸屏幕，成年人会这样做，儿童更是如此。我们出于本能试图重建这种手眼联结，因为在我们尝试阐述比较复杂的问题时，手眼并用能帮上大忙。）

手和眼一方面协同配合，另一方面各司其职，共同决定了阅读体验的性质和我们获得的乐趣——就阅读而言，它们不仅决定了文本的含义，还决定了整个阅读活动的意义：包括一本书的外观、触感甚至气味，包括选择读什么，包括以这种稳定和不可更改的页面作为媒介浏览文本，包括思考我们读过什么，包括通过旧书重读以再次审视原先的文本而获得新的感悟。

在**书籍**占主导地位的早期，阅读与生俱来的性质被视为理所当然。如今，当电子文本不再能保持页面的完整性时，书作为物品的一面才显露出它的特殊与不同，才需要我们对此进行反思——因为书的形式不仅会影响读者的理解，也会影响作者。在纸上书写和在电子显示器上书写是不同的。电子邮件、短消息的书写样式不断发展就是一个显而易见的例子。两者的边界是不同的，语义的分组和连贯是不同的。在书里，可以通过翻页来表达某种意思，而这种解读的线索却被电子显示屏消除了。电子文本的使用者只需点击鼠标就能改变文字的编排。书页的稳定性，这种至关重要的完整性就此丧失。

最后还有一个关键区别。电子传播形式在一个基本共性上与书截然相反。前者欢迎干涉。无论是从硬件还是从软件的设计上，电子传播的形式都更利于用户轻松地修改和操作文本。这是一种有意为之。"互动"一词已被电子传播媒介据为己有，以此彰显这种信息交流手段的吸引力。

书籍还在很多特征上与其他任何一种媒介都存在着显著的差别。重复的内容我们已经听得足够多了，比如书籍制作和印刷的用户友好性问题。数百年来，书页的印刷方式——形状、尺寸、质地甚至纸张的颜色——经过一再改进，最终形成了完全适合双手的版式和外观。这样的书捧在手里和阅读起来都会令人身心愉悦，也利于我们的眼睛浏览纸上的文字并轻松地接收信息。

任何像我这样曾用文字处理器工作过一段时间，同时仍在使用纸质书（比如此时）的人都会知道，看显示在屏幕上的字和印在书页上的同样的字，是多么的不一样。作为一个读者，我知道自己更喜欢哪一种方式，以及哪一种方式最吸引人、最容易处理。作为一名作者，当然了，用电脑写文章比用纸写要轻松得多。然而我写小说时依然会用铅笔草拟初稿，再输入电脑屏幕进行修改。这是因为，亲手提笔构思故事与在屏幕上打字，就其本质而言全然不同。

历史总是相似的

在思考**书籍**的未来时，有一段相似的历史或许可以帮上忙。19 世纪中期，摄影术作为一种新的视觉记录形式刚刚出现。刘易斯·卡罗尔（Lewis Carroll）是最先接纳这种形式的人之一，并拍摄出了大量佳作。而在很久以前，绘画就开始以记录视觉体验的唯一方式而存在——人们记录自己和亲朋好友的相貌、重大事件、自然风光、科学实验等等。而现在，摄影术却让记录这一切变得更加轻松。有专家曾断言，绘画将就此终结，彻底死亡。但另一些人则质疑此类预言，并着手从理论和实践层面分析绘画究竟有哪些特质区别于其他形式的视觉传播手段，尤其是区别于摄影术，以及绘画是否有着对人类生活意义重大的独到之处。

大约在同一时期，还诞生了另一项技术，小分量的管装油画颜料开始出现。画家首次得以轻松实现户外作画，现场同步捕捉自然风景中转瞬即逝的色彩变换，再也不需要关在封闭的工作室里，费时费力地研磨和准备绘画用的颜料块。

　　随着相关理论、实践和这种生逢其时的技术手段的不断发展，印象派诞生了。紧接着，后印象派、立体主义和其他各式各样的绘画运动及新兴绘画形式不断涌现，它们共同构成了文艺复兴以来最伟大的绘画大繁荣景象。艺术家们不再被局限于呈现具象的、纪实的形象，也不再执着于呈现视野可及的一切，他们可以专注于表现颜料本身的特质，专注于某一种艺术形式的创作，探索通过绘画观察和呈现世界的新方式。社会各界人士纷纷意识到，绘画作为一种人类与周遭世界的互动方式，对自己的生活原来如此重要，以至于陈列着各个时期绘画作品的画廊变得热闹非凡。近年来，这些地方俨然成为各个城市最受欢迎和喜爱的地点。从来没有如此多的人想要画画，还有这么多人出售绘画作品，这么多的画廊在对公众开放。

　　对于一门曾被宣告死亡的艺术，这些还不够吗？我的观点是，随着我们迈过又一个千禧年的门槛，来到一些人所说的"后工业技术时代"，面对书籍的死亡宣告，我们这些爱书之人，将不得不像爱画之人为自己所钟爱的艺术形式所做的那样，重新发现纸质文学的存在价值。而达到这一目的的最佳途径，坐而论道不如起而行之：作者和读者，需要通过各自的写作和阅读体验，共同找寻答案，发现书籍这种传播形式的独特之处。我越是努力求证，就越发确信，纸质文学和绘画艺术必将面临同样的命运：这种形式看似行将就木，实则将迎来新一轮的大繁荣。

正如古列尔莫·卡瓦洛（Guglielmo Cavallo）和罗杰·夏蒂埃（Roger Chartier）在《西方世界阅读史》（*A History of Reading in the West*）中所阐述的那样，技术与文本呈现形式上的每一次革命性发展都会改变阅读的实践方式。已经发生过的就有：从石片到纸莎草，从纸莎草到牛皮纸，从牛皮纸到草纸，从卷轴到抄本，从手稿到机器印刷。科技的每一次重大进步都伴随着书写和阅读的跨越式发展。例如，当作家从用笔写作转为用打字机创作时，小说和诗歌也随之改变。也有人提出，如今超长篇小说之所以越来越多，与其说是因为读者对这类小说的偏爱，不如说更重要的原因是作者在电脑上可以更加方便地进行创作和修改，由此节省下来更多的时间写出更多的内容。正如 D.F. 麦肯齐（D. F. McKenzie）在《目录学与文本社会学》（*Bibliography and the Sociology of Texts*）中所说："新读者……创造新文本，然后……新形式催生新意义。"考虑到当前文本技术的诸多进步，我们完全有理由相信，新一轮巨变必将再次出现。

书籍的存在单纯只为印刷出来以供阅读，这就是它唯一的目的。而每一种类型的电子"印刷品"（因为它根本不属于印刷品）则属于另一种东西。电子文本只是设备的一部分，而这种设备还有其他用途，设计它们的目的是为了操控电子信号。

书籍想让我们做的正是我们所需要做的：花时间细细品读静止不动的书页，按照经过作者授权的顺序，最高效地行使读者对内容的掌控权。正因为我们需要以这样的方式读书，所以**书籍**远未到消亡之日，反而正在迈入一个比以往任何时候都更有必要存在的新纪元。

当我们拿起一本书来读的时候，就是将想象捧在了手心里。它由 26 个（英文）抽象符号构成，按次序排成一行又一行，中间用空格间隔，还有其他一些抽象符号，指引我们如何在想象的剧场中编排书页的交响曲。在那里，我们亲自对想象进行诠释，按照自己喜欢的节奏接纳它，闪回或快进，随心所欲地暂停再启动。这种想象属于我们，不属于其他任何人。在构成想象的意识和我们的自我意识之间，不会再有旁人介入。

文学是一种书面语言，它在一种意识和另一种"他者"的意识（即读者）之间，进行尽可能亲密而直接的交流。我们在阅读时，能强烈地感受到自己所持有的想象和阅读投射在我们脑海中的想象，以及这两种想象的影响。然而十分神奇的是：与此同时我们还能抽身出来，思考书籍对我们的影响及其原因。我们置身事内——事实上，我们就是事件本身——但同时又能置身事外，在一旁观望。

一本书的读者只是一个人。但书籍为达到其目的的设计是如此完美，即一本书可以轻松复制很多次，想要多少就有多少。一本书是否能得到众人的追捧和**书籍**的存在理由无关。如果通过销量来判断一本书成功与否，就混淆了书容易复制的特点与**书籍**存在的主要目的。

大量生产并不是**书籍**存在的主要目的。书作为一种印刷信息的媒介，具有稳定和便捷的实体形式——也就是说，它的存在是为了保存经过授权的传播内容。

只要书面语言依然重要，我们就需要**书籍**，因为**书籍**是书面语言的家园。这里栖息着书面语言，也栖息着因书面语言而存在的读者。比尔·盖茨所说的 20% 或其他数字是否准确并不重要，重要的是，**书籍**作为一种自由的艺术形式，必将继续繁荣。文学作品由经过授权的语言写就，而读者则将深入思考的权力掌握在手中。这就是**书籍**这件事物的本质，就是**书籍**区别于其他一切事物之处。它的未来，必将充盈而丰富。

注释与参考文献
References & Books Consulted

本书引用或提及的著作和文章
（以作者英文姓氏为序）

Thomas Arnold, *Fragment on the Church*, quoted in Trevor, page 40

Correlli Barnett, *The Collapse of British Power* (1972), quoted in P. J. Rich, *Elixir of Empire: The English Public Schools, Ritualism, Freemasonry and Imperialism*, London: Regency Press, second edition 1993, page 125

Willis Barnstone, *The Poetics of Translation: History, Theory, Practice*, New Haven: Yale University Press, 1993

Anthea Bell, 'Translator's Notebook: Delicate Matters', *Signal* 49, January 1986, pages 17, 20

Anthea Bell, 'Translator's Notebook: The Naming of Names', *Signal* 46, January 1985, page 4

Walter Benjamin, 'The Task of the Translator', *Illuminations*(1955), edited by Hannah Arendt, translated by Harry Zohn, London: Fontana/Collins, 1973, page 79

John Berger, *Keeping a Rendezvous*, London: Granta Books, 1992

Wayne C. Booth, *The Company We Keep: An Ethics of Fiction*, Berkeley: University of California Press, 1988, pages 113, 421

Dorothy Briley, 'Publishing Translations for Children', *Children's Book Council Newsletter*, New York, 1987

Robert Browning, quoted in Barnstone, page 37

Jerome Bruner, *Actual Minds, Possible Worlds*, Cambridge MA: Harvard University Press, 1986, page 159

Italo Calvino, *Six Memos for the Next Millennium*, Cambridge MA: Harvard University Press, 1988, pages 51, 120, 45

Guglielmo Cavallo & Roger Chartier, *A History of Reading in the West*, translated by Lydia G. Cochrane, Cambridge: Polity Press, 1999

Samuel L. Clemens (Mark Twain), *The Adventures of Huckleberry Finn*, with an introduction by T. S. Eliot (1950), London: Cresset Press, page vii

Erasmus, preface to his New Testament, quoted in Barnstone, page 52

F. W. Farrar, Preface to *Eric, or Little by Little*, 24th edition, 1889, quoted in Quigly, page 70

Klaus Flugge, *The Times Educational Supplement*, 31 March 1991

Anne Frank, *The Diary of Anne Frank* (1947), translated from the Dutch by B. M. Mooyaart-Doubleday, foreword by Storm Jameson. First published by Pan Books, 1954. London: Pan Horizons, 1989.

Anne Frank, *The Diary of a Young Girl: The Definitive Edition*, edited by Otto H. Frank & Mirjam Pressler, translated by Susan Massotty (Viking, 1997) copyright © The Anne Frank-Fonds, Basle Switzerland, 1991. English translation copyright © Doubleday a division of Bantam Doubleday Dell Publishing Group Inc., 1995.

Miep Gies with Alison Leslie Gold, *Anne Frank Remembered: The Story of the Woman Who Helped to Hide the Frank Family*, Simon & Schuster, Touchstone edition, 1988, pages 186-7

Virginia Hamilton, *The People Could Fly: American Black Folktales*, Alfred
     A. Knopf, 1985, page 5

Tormod Haugen, *Zeppelin*, Woodchester: Turton & Chambers, 1991

Ernest Hemingway, in Larry Phillips, editor, *Ernest Hemingway on Writing*,
     London: Granada, 1985, page 93

Thomas Hughes, *Tom Brown's Schooldays* (1857), London: Dent Children's
     Illustrated Classics, 1949, pages 128-9

Wilhelm Humbolt, quoted in Barnstone, page 42

Michael Ignatieff, 'Literature honours its unsung heroes', *The Observer*, 24
     March 1991, page 21

Justin Kaplan: *Mr Clemens and Mark Twain* (1967), Harmondsworth:
     Pelican Books, Penguin, 1970

Hugh Kingsmill, quoted in Quigly, page 70

Milan Kundera, *Testaments Betrayed*, translated by Linda Asher, Faber &
     Faber, 1995, pages 108-9, 110-11

Emmanuel Levinas, *Quatre Lectures Talmudiques*, translated by Annette
     Aronowicz as 'Four Talmudic Readings', Bloomington, Ind., 1990

D. F. McKenzie, quoted in Cavallo and Chartier, page 3

Adrian Mitchell, *The Listener*, 16 January 1986, page 24

Stanley Morison, *Talbot Baines Reed: Author, Bibliographer, Typefounder*
     (1960), privately printed at the University Press, Cambridge, pages 59,
     61-2, 15, 19, 19-20, 10, 26, 34

Jenny Pausacker, *More than Forty Years On: A historical study of the school
     story.* Submitted for the degree of Doctor of Pholosophy in the School
     of Humanities of the Flinders University of South Australia, July 1980,
     pages 40-3

Penguin Companion to Literature, Harmondsworth: Penguin Books, 1969

Peter Pohl, *Janne, min vän*, Stockholm: AWE/Gebers, 1985

Peter Pohl, *Johnny, my friend*, Woodchester: Turton & Chambers, 1991

Isobel Quigly, *The Heirs of Tom Brown*, London: Chatto & Windus, 1982, pages 53-4, 43, 70. Reprinted by permission of the Random House Group.

Talbot Baines Reed, quoted in Morison, page 57. Quotations from Reed's novels are taken from the following editions.

Talbot Baines Reed, *The Cock-house at Fellsgarth* (1893), London: Office of 'The Boy's Own Paper', n.d.

Talbot Baines Reed, *The Fifth Form at St Dominic's: A School Story* (1887), with a prefatory note by G. A. Hutchison, London: The Religious Tract Society (The Boy's Own Bookshelf), n. d.

Talbot Baines Reed, *The Master of the Shell* (1894), London: The Religious Tract Society, c. 1894

Talbot Baines Reed, *The Willoughby Captains* (1887), London: Latimer House, 1948

Maud Reuterswärd, *Noah Is My Name*, Woodchester: Turton & Chambers, 1991

Paul Ricoeur,' Self as *Ipse*', *Freedom and Interpretation: The Oxford Amnesty Lectures 1992*, edited by Barbara Johnson, New York: Basic Books, 1993, page 115

A. W. Schlegel, quoted in Barnstone, page 19

Schleiermacher, F. E. D., quoted in Stolt, page 131

Patricia Meyer Spacks, *The Adolescent Idea: Myths of Youth and the Adult Imagination*, New York: Basic Books, 1981, pages 45, 296

George Steiner, *No Passion Spent: Essays 1978-1996*, London: Faber & Faber, 1996, page 36

Birgit Stolt, 'How Emil Becomes Michel', *Children's Books in Translation: The Situation and the Problems*, edited by Göte Klingberg, Mary Ørvig & Stuart Amor, Swedish Institute for Children's Books, Stockholm: Almqvist & Wiskell International, 1978, pages 134-7

A Token for Friends, being A Memoir of Edgar Osborne, An Appreciation of The Osborne Collection of Early Children's Books and A Facsimile of His Catalogue 'From Morality & Instruction to Beatrix Potter', Toronto: The Friends of the Osborne and Lillian H. Smith Collections, Toronto Public Library, 1979, page 21

Meriol Trevor, *The Arnolds: Thomas Arnold and His Family*, London: Bodley Head, 1973, pages 23, 24, 24-7, 40. Reprinted by permission of The Random House Group Ltd.

Lionel Trilling, *The Liberal Imagination: Essays on Literature and Society* (1951), Harmondsworth: Peregrine Books, Penguin, 1970, pages 114, 117

Mark Twain. See Samuel Clemens. Quotations from Twain's novels are taken from the following editions.

Mark Twain, *The Adventures of Huckleberry Finn* (1884), Harmondsworth: Penguin, 1953

Mark Twain, *The Adventures of Tom Sawyer* (1876), Harmondsworth: Penguin, 1950

Mark Twain, quoted in Kaplan, page 275

Tarjei Vesaas, *The Ice Palace*, translated by Elizabeth Rokkan, London: Peter Owen, 1966, page 32

Lev Vygotsky, *Thought and Language*, newly revised translation by Alex Kozulin, editor, Cambridge MA: MIT Press, 1986, pages 221-2

本书引用或提及的部分著作中译版索引

《哈克贝利 · 费恩历险记》(*The Adventures of Huckleberry Finn*) /
[美] 马克 · 吐温（Mark Twain）著; 张友松译; 北京: 人民文学出版社,
2016，2023（重印）

《匹诺曹: 木偶奇遇记》(*Le avventure di Pinocchio: Storia di un
burattino*) / [意] 卡洛 · 科洛迪（Carlo Collodi）著; [美] 理查德 ·
弗洛特（Richard Floethe）绘; 王邦元译; 昆明: 晨光出版社, 2020

《汤姆 · 索亚历险记》(*The Adventures of Tom Sawyer*) / [美]
马克 · 吐温（Mark Twain）著; 张友松译; 南京: 译林出版社, 2023.
成时译; 北京: 人民文学出版社, 2018. 张建平译; 上海: 上海译文出
版社, 2012

《伊索寓言》(*Aesop's Fables*) / [古希腊] 伊索（Aesop）著;
章祖德译; 南京: 译林出版社, 2022. 王焕生译; 北京 : 人民文学出版社,
2020

《爱丽丝漫游奇境》(*Alice's Adventures in Wonderland*) / [英]
刘易斯 · 卡罗尔（Lewis Carroll）著; 张晓路译; 北京: 人民文学出版社,
2022

《动物庄园》(*Animal Farm*) / [英] 乔治 · 奥威尔（George
Orwell）著; 隗静秋译; 南京: 译林出版社, 2019. 又译《动物农场》/
荣如德译; 上海: 上海译文出版社, 2018

《一千零一夜》(*The Arabian Nights: Tales of 1001 Nights*)/[阿拉伯]
佚名著; 纳训译; 北京: 人民文学出版社, 2022

《高卢人阿斯特克斯》(*Astérix le Gaulois*) / [法] 勒内 · 戈西尼
（René Goscinny）著; [法] 阿尔伯特 · 乌德佐（Albert Uderzo）绘;
蒯佳译; 北京: 海豚出版社, 2019

《侦探六人组》(*The Big Six*) / [英] 亚瑟 · 兰塞姆（Arthur
Ransome）著; 刘仲敬译; 太原: 山西人民出版社, 2021

《笑忘录》(*Le livre du rire et de l'oubli*) / [法] 米兰 · 昆德拉
（Milan Kundera）著; 王东亮译; 上海: 上海译文出版社, 2022

《休息时间》（*Breaktime*）/［英］艾登·钱伯斯（Aidan Chambers）著；何佩桦译；台北：小知堂文化事业有限公司，2001

《故园风雨后》（*Brideshead Revisited*）/［英］伊夫林·沃（Evelyn Waugh）著；王一凡译；北京：人民文学出版社，2018

《麦田里的守望者》（*The Catcher in the Rye*）/［美］J.D.塞林格（J. D. Salinger）著；施咸荣译；南京：译林出版社，2022

《巧克力战争》（*The Chocolate War*）/［美］罗伯特·科米尔（Robert Cormier）著；徐彬，孙路平译；南京：译林出版社，2018

《发条橙》（*A Clockwork Orange*）/［英］安东尼·伯吉斯（Anthony Burgess）著；杜冬译；南京：译林出版社，2019

《罐头里的小孩》（*Konrad oder Das Kind aus der Konservenbüchse*）/［奥］克里斯蒂娜·涅斯特林格（Christine Nöstlinger）著；［德］安妮特·斯沃博达（Annette Swoboda）绘；任溶溶译；南京：译林出版社，2022

《布尔河畔的黑鸭子》（*Coot Club*）/［英］亚瑟·兰塞姆（Arthur Ransome）著；吕琴译；北京：人民文学出版社，2023

《少年盟约》（*Dance on My Grave*）/［英］艾登·钱伯斯（Aidan Chambers）著；陈佳琳译；长沙：湖南文艺出版社，2013. 又译《在我坟上起舞》/李德俊译；南京：译林出版社，2004

《衰落与瓦解》（*Decline and Fall*）/［英］伊夫林·沃（Evelyn Waugh）著；高继海译；上海：上海译文出版社，2013

《安妮日记》（*Das Tagebuch der Anne Frank*）/［德］安妮·弗兰克（Anne Frank）著；高年生译；北京：人民文学出版社，2018

《神曲·地狱篇》（*La Divina Commedia, Inferno*）/［意］但丁（Dante Alighieri）著；肖天佑译；北京：商务印书馆，2021. 田德望译；北京：人民文学出版社，2002，2020（重印）. 朱维基译；上海：上海译文出版社，1984

《化身博士》（*Dr Jekyll and Mr Hyde*）/［英］罗伯特·路易斯·史蒂文森（Robert Louis Stevenson）著；［美］加里·凯利（Gary Kelley）绘；赵毅衡译；长沙：湖南文艺出版社，2022

《堂吉诃德》(*Don Quijote*) / [西] 塞万提斯 · 萨维德拉 (Cervantes Saavedra) 著；杨绛译；北京：人民文学出版社，1987，2014（重印）

《堂吉诃德：插图典藏版》(*Don Quijote de la mancha*) / [西] 米盖尔·德·塞万提斯 (Miguel de Cervantes) 著；[保加利亚] 斯韦特林 · 瓦西列夫 (Svetlin Vassilev) 绘；董燕生译；长沙：湖南文艺出版社，2021

《埃米尔擒贼记》(*Emil und die Detektive*) / [德] 埃里希 · 凯斯特纳 (Erich Kästner) 著；华宗德，钱杰译；济南：明天出版社，2021

《哈姆雷特》(*Hamlet*) / [英] 威廉 · 莎士比亚 (William Shakespeare) 著；朱生豪译；长沙：湖南文艺出版社，2021

《汉赛尔与格莱特》(*Hansel and Gretel*) / [英] 安东尼 · 布朗 (Anthony Browne) 著绘；柳漾译；南昌：二十一世纪出版社，2015

《海蒂》(*Heidi*) / [瑞士] 约翰娜 · 斯比丽 (Johanna Spyri) 著；若祈绘；朱碧恒译；北京：中信出版社，2018

《冰宫》(*Is-slottet*) / [挪] 塔尔耶 · 韦索斯 (Tarjei Vesaas) 著；张莹冰译；北京：中国国际广播出版社，2019

《原来如此的故事》(*Just So Stories*) / [英] 约瑟夫 · 鲁德亚德 · 吉卜林 (Joseph Rudyard Kipling) 著；曹明伦译；北京：商务印书馆，2022

《保守秘密》(*Keeping Secrets*) / [挪] 托摩脱 · 篙根 (Tormod Haugen) 著；徐朴译；石家庄：河北少年儿童出版社，2001

《查泰莱夫人的情人》(*Lady Chatterley's Lover*) / [英] D.H. 劳伦斯 (D. H. Lawrence) 著；黑马译；南京：译林出版社，2021

《小王子》(*Le Petit Prince*) / [法] 圣 - 埃克絮佩里 (Antoine de Saint-Exupéry) 著；周克希译；上海：上海译文出版社，2018

《情人》(*L'Amant*) / [法] 玛格丽特 · 杜拉斯 (Marguerite Duras) 著；王道乾译；上海：上海译文出版社，2022

《夜鸟》(*The Night Birds*) / [挪] 托摩脱 · 蒿根 (Tormod Haugen) 著；周晓阳译；上海：上海译文出版社，2014

《奥德赛》（*The Odyssey*）/［古希腊］荷马（Homer）著；陈中梅译注；南京：译林出版社，2022

《荷马史诗·奥德赛》（*The Odyssey*）/［古希腊］荷马（Homer）著；王焕生译；北京：人民文学出版社，1997，2022（重印）

《长袜子皮皮》（*Boken om Pippi långstrump*）/［瑞典］阿斯特丽德·林格伦（Astrid Lindgren）著；李之义译；北京：中国少年儿童出版社，2014

《一位女士的画像》（*The Portrait of a Lady*）/［美］亨利·詹姆斯（Henry James）著；陈丽，郑国锋译；北京：人民文学出版社，2020

《来自无人地带的明信片》（*Postcards from No Man's Land*）/［英］艾登·钱伯斯（Aidan Chambers）著；邹亚译；南京：译林出版社，2004

《鲁滨孙漂流记》（*Robinson Crusoe*）/［英］丹尼尔·笛福（Daniel Defoe）著；孙法理译；北京：人民文学出版社，2016

《秘密花园》（*The Secret Garden*）/［美］弗朗西丝·霍奇森·伯内特（Frances Hodgson Burnett）著；张逸旻译；杭州：浙江文艺出版社，2021

《新千年文学备忘录》（*Lezioni americane*）［意］伊塔洛·卡尔维诺（Italo Calvino）著；黄灿然译；南京：译林出版社，2015

《儿子与情人》（*Sons and Lovers*）/［英］D.H. 劳伦斯（D. H. Lawrence）著；刘文澜，陈良廷译；北京：人民文学出版社，2020

《海角一乐园》（*The Swiss Family Robinson*）/［瑞士］约翰·怀斯（J. Wyss）原著；［英］D.K. 斯旺（D. K. Swan），［英］M. 韦斯特（M. West）改写；高剑妩译；北京：商务印书馆，2007

《木桶的故事　格列佛游记》（*The Tale of a Tub Gulliver's Travels*）/［英］乔纳森·斯威夫特（Jonathan Swift）著；主万，张健译；北京：人民文学出版社，2000

《被背叛的遗嘱》（*Les testaments trahis*）/［法］米兰·昆德拉（Milan Kundera）著；余中先译；上海：上海译文出版社，2023

《思维与语言》（*Thought and Language*）/［俄］列夫·维果茨基（Lev Semenorich Vygotsky）著；李维译；北京：北京大学出版社，2010

《收费桥》（*The Toll Bridge*）/［英］艾登·钱伯斯（Aidan Chambers）著；林美珠译；台北：小知堂文化事业公司，2000

《汤姆·布朗的求学时代》（简写本）（*Tom Brown's Schooldays*）/［英］托马斯·休斯（Thomas Hughes）著；姚天宠注释；上海：上海译文出版社，1983

《汤姆的午夜花园》（*Tom's Midnight Garden*）/［英］菲莉帕·皮尔斯（Philippa Pearce）著；马爱农译；北京：人民文学出版社，2015

《金银岛》（*Treasure Island*）/［英］罗伯特·路易斯·史蒂文森（Robert Louis Stevenson）著；王宏译；南京：译林出版社，2020. 荣如德译；上海：上海译文出版社，2013

《尤利西斯》（*Ulysses*）/［爱尔兰］詹姆斯·乔伊斯（James Joyce）著；金隄译；北京：人民文学出版社，2018

《邪恶的肉身》（*Vile Bodies*）/［英］伊夫林·沃（Evelyn Waugh）著；吴刚译；上海：上海译文出版社，2014

《柳林风声》（*The Wind in the Willows*）/［英］肯尼思·格雷厄姆（Kenneth Grahame）著；任溶溶译；上海：上海译文出版社，2022

《小熊维尼》（*Winnie-the-Pooh*）/［英］A.A.米尔恩（A. A. Milne）著；吴卓玲译；南宁：广西人民出版社，2006

《尼尔斯骑鹅旅行记》（*Nils Holgerssons underbara resa genom sverige*）/［瑞典］塞尔玛·拉格洛夫（Selma Lagerlöf）著；石琴娥译；北京：商务印书馆，2021

编者注：1. 以上著作涉及多个版本时，按出版时间倒序排列；2. 以上著作、作者译名基于国家图书馆收录的中文译本，个别有异。

索　引

Index

著作权合同登记号 图字：01-2023-0889

Original title: *Reading Talk*

Copyright © 2001 Aidan Chambers

First published 2001 by The Thimble Press

Simplified Chinese copyright © 2024 Modern Education Press, Co., Ltd.

All Rights Reserved.

图书在版编目 (CIP) 数据

读之蜜语 / (英) 艾登·钱伯斯 (Aidan Chambers)
著；任燕译 . —北京：现代教育出版社，2024.1
ISBN 978-7-5106-9043-3

Ⅰ.①读… Ⅱ.①艾… ②任… Ⅲ.①中小学生－读
书方法 Ⅳ.① G632.46

中国国家版本馆 CIP 数据核字 (2023) 第 207596 号

读之蜜语

著　　者	〔英〕艾登·钱伯斯	
译　　者	任　燕	
出品人	陈　琦	
项目统筹	王晨宇	
责任编辑	王春霞	
特邀编辑	赵　晖	
装帧设计	孙　初　申　祺	
出版发行	现代教育出版社	
地　　址	北京市东城区鼓楼外大街 26 号荣宝大厦三层　　100120	
电　　话	010-64251036（编辑部）010-64256130（发行部）	
印　　刷	北京盛通印刷股份有限公司	
开　　本	889 mm×1194 mm 1/32	
印　　张	9	
字　　数	215 千字	
版　　次	2024 年 1 月第 1 版	
印　　次	2024 年 1 月第 1 次印刷	
书　　号	ISBN 978-7-5106-9043-3	
定　　价	59.00 元